Diego Rivera

Ramón Gómez de la Serna
y otros
Diego Rivera

casimiro

casimiro [*casimiroa edulis*]

En cubierta: Diego Rivera, *Vendedora de flores* (detalle), 1949
    Museo Reina Sofía, Madrid

© Gladys Dalmau de Ghioldi

© Casimiro libros, Madrid, 2024
    Todos los derechos reservados
    www.casimirolibros.es

ISBN: 978-84-19524-37-9
Depósito legal: M-19714-2024

Hecho en Madrid

Índice

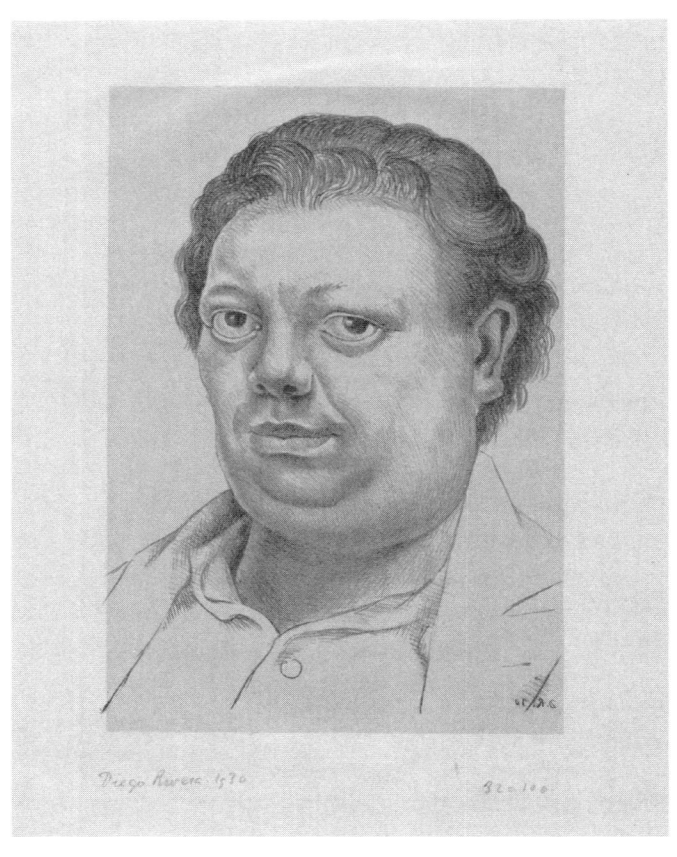

DIEGO RIVERA
(Guanajuato, 1886 - Ciudad de México, 1957)
Autorretrato de 1930

Riverismo

Ramón Gómez de la Serna

I

El primer mexicano caracterizado que llegó a Pombo fue Diego María Rivera. ¡Qué tío!

Yo le había conocido hacía años (en la exposición que prepararon en 1907 los discípulos de Chicharro, que fue donde presentó sus primeras cosas), pero cuando llegó a Pombo estaba en la hora de plenitud de su erupción, plenamente monumental como portador de México a la espalda, todo él como un mapa de bulto y en una escala aproximada a la realidad.

Diego María Rivera, el íntegro, el ciclópeo, fue en Pombo algo colosal, que daba de todo explicaciones definitivas e inolvidables. Se sentaba como sobre un pedestal ancho y fuerte y emergía como la figura de un Buda auténtico, vivo, con esa gordura suntuosa de Buda. Siempre con un bastón grande como un árbol –el árbol que le daba sombra cuando era Buda y estaba a la orilla de un camino del bosque mirándose el ombligo–, Diego se apoyaba de vez en cuando en él como un hombre que ve el espectáculo como con algo con que protestar ruidosamente.

En sus ojos, un poco estrábicos, había un punto de dolor de su hígado, ese hígado por el que hacía pasar constantemente un manantial de agua mineral. El estrabismo de sus ojos quizá procedía de la terrible mirada de uno de sus antepasados de raza brutal, de aquella raza tan llena de instintos, que los instintos desviaban sus ojos y los abortaban y los desorbitaban al dar salida a los deseos espantosos.

Su risa era la auténtica risa siniestra. Daba pánico haberla provocado aun cuando fuese para bien y representase algo así como un aplauso y una hilaridad de sus multitudes interiores, las multitudes que llenaban su alma. Es que era la misma para la alegría que para la cólera y había en ella algo así como el silbido de su tremendo bastón zarandeado en el aire. ¡Qué risa! También silbaban en ella los latigazos de la gran serpiente. Por su risa se veía que podía llegar al homicidio, impulsado y frenético por ella. Se comprendía que cuando estuvo en Toledo surgiese en el pueblo levítico la leyenda de que Diego se alimentaba con huesos de niños y hasta llegasen a apedrearle un día.

¡Qué largas y tremendas noches aquellas en que apareció don Diego María Rivera, gran volumen del que las ideas salían con volumen, sobre todo las que se referían a su arte, al arte de la pintura, tan convincentes cuando atacaban a la perspectiva falsa y a la pintura superficial! ¡Qué certidumbre la del cubismo saliendo de su peñón interior! Nos contaba también cosas de México, de las arañas con largos cabellos, de la entrada en los cuerpos de las más sutiles tenias, larvadas solitarias a las que hay que sacar gracias a la música con paciencia extrema, pues ha de salir entero su largo cordón parasitario, ya que al romperse vuelven a desarrollarse de nuevo. Con él siempre aparecía Angelina.

Angelina Beloff, incógnita, silenciosa, bajo un delicado velo casi siempre –un velo que iba muy bien a su espíritu–, Angelina Beloff era la delicadeza trabajando la materia más dura y viril, en contraste con la labor de acuarelistas de casi todas las pintoras. Ante ella se hace necesario fijar bien este contraste de su obra con su ser dulce y débil, de voz delicada –a la que da un tono herido el que la emanación de los ácidos que trabajan las planchas del aguafuerte la ha atacado la garganta–, de ojos azules, de perfil fino y suavemente aguileño, toda ella delgada y vestida de azul –jersey azul en la casa y en la calle traje azul de líneas resueltas–, tan azul todo en ella, tan envolventemente azul, que por eso, además de por su perfil, se la podría llamar el pájaro azul.

Ella me dio la clave de su legitimidad un día en que parecía hablarme desde sus tierras nevadas, alboreantes y lejanas. Recuerdo que en medio de la seguridad de estar en Madrid surgió en mí una turbación como de estar entre dos paisajes distintos, entre dos temperaturas, frente a cúpulas de dos ciudades distintas y bajo un cielo con dos colores diversos, cosido el uno al otro como las franjas dispares de una bandera. Ella había hablado mucho de allí; de que allí "son tan diferentes las estaciones, que parece que uno vive más, porque cada estación tiene su vida propia y diametralmente opuesta"; de aquellos días de allí "en que no hay sol, pero todo es claro"; de "aquellos edificios en gran número del tiempo de Catalina la Grande, de un estilo severo que va tan bien a aquel clima y aquella luz; unos pintados de rojo y otros de blanco y amarillo"; de "el almirantazgo" "con su flecha alta y fina, sobre la que en la luz del alba brilla el navío de oro"; aquellas "noches blancas, en que cuando apenas queda un crepúsculo azul en el poniente, el claro de la nueva aurora aparece en el oriente", y muchas más notas sueltas, hasta que me dijo legitimándose:

-¡Quién sabe si no es a esas noches blancas del Norte, noches de poco calor y de mucho claroscuro a las que yo debo mi predilección por el aguafuerte, predilección acentuada por los paisajes severos de Finlandia, en donde pasaba los veranos y donde una amiga mía pintora, llena de una gran sensibilidad para los colores, decía que no hallaba colores, que lo hallaba todo gris!

Diego está tan lleno de sí, tan lleno de ambiente, de dimensiones, de valuaciones, de matices y de saciedad, que se basta a sí mismo. Por eso Diego María Rivera anda como ebrio, siendo abstemio en verdad, embriagado por las cosas que además hacen a sus ojos un poco estrábicos de tanto como las mira, de tanto como las penetra en toda su sinuosidad, en sus conjunciones, en su espiralidad...

Cuando pinta Diego parece un magnífico y firme marinero sobre un barco, olvidado de todo, dentro de una soledad marina, removiendo así su sensatez, oscilando a uno y otro lado; una oscilación con que parece pesar, balancear y contrabalancear sus juicios; un vaivén que, aun cuando después de dejar el trabajo anda por la tierra firme, no deja de tener. Por su rostro es también un marino norteamericano, o si no holandés, pareciendo hasta su pipa vacía algo así como una inhaladora formidable, por la que le entran en el espíritu saludables y espiritosas ráfagas. ¡Marinero solitario y seguro rodeado como de un elemento fluido, extraño, ubérrimo, lleno de plásticos oleajes!

En la figura de Diego hay una flojedad rara y suntuosa, como si todo pesase sobre él; como si pudiendo con todo, lo llevase todo colgado tranquilamente a sus hombros; como si llevase insistiendo sobre él las más grandes ideas; como si reposase sobre él la responsabilidad de la creación; como si en el fondo de su alma y en el fondo profundo de sus grandes bolsillos llevase cosas materialmente muy grandes, monstruosas, compactas y macizas.

II

Yo tengo en mi despacho mi retrato cubista, pintado por Diego María Rivera, y cada vez noto que me parezco más a él, y sin embargo me parezco menos cada vez a una mascarilla que me hicieron sobre mi mismo rostro, enterrado en yeso como un muerto, durante un cuarto de hora.

¡Éstas son las paradojas del arte burlándose de la propia realidad! ¡Viva el novirretratismo!

Así, por causa de este retrato, no me escribirán esas señoritas banales que escriben al escritor por sus retratos ofreciéndoles ¡una unión para toda la vida! Este retrato cubista es para provocar sentimientos más profundos y menos comprometedores y amenazantes.

Ahí está mi anatomía completa. Heme ahí después de la autopsia que se puede sufrir antes de morir o suicidarse, la autopsia maravillosa y aclaratriz.

El retrato que me hizo Diego es un retrato verdadero, aunque no sea un retrato con el que concursar en los certámenes de belleza. Con ese retrato me siento seguro y desahogado.

La pintura cubista, que ante todo ama el espacio, no me ha embotellado y me ha dejado libre y desenvuelto.

Cuando el gran mexicano pintó mis ojos, por ejemplo, no contempló estos ojos castaños que tengo, y cuya apariencia normal es para los "ritratistas", pero no para un gran pintor como él, sino que los observó como un técnico, como un "óptico" y se dio cuenta de los ojos que necesitaba en el retrato, y que eran complementarios y aclaratorios de los otros. En el ojo redondo está sintetizado el momento de deslumbramiento, y en el ojo entornado y largo, el momento de comprensión.

Así como en los ojos, el pintor se guió en todos los demás detalles por un sentimiento científico de pintor más que por un ingenuo fiarse de las apariencias. Siempre el óptico prodigioso.

Así como el paisajista frente al cartógrafo empequeñece el mundo, completa el paisaje que es sucesión de paisajes, camino de largos y variados paisajes, así los pintores cubistas son los cartógrafos de cada individuo que es en sí un mapa con esos colores con contorno de puzzle que tan simpáticos nos fueron siempre en los mapas.

Para hacernos encarnar con nuestra carne no necesitamos del retrato. Lo necesario es dar nuestra línea más pensativa y más fija.

Tenía algo de proxenetismo la creación del antiguo retrato buido, galante y superficial.

Era absurdo e incapaz que el retrato de un señor que por comodidad lee de perfil no se presentase en toda su capacidad, con los ojos levantados sobre la lectura según la franqueza de su naturalidad.

Wilde ha preestablecido esta salida del arte en este diálogo:

"-Pero ¿qué me dice usted de los retratos modernos ejecutados por pintores ingleses? Se parecen indudablemente a las personas que representan.

-Sí, es verdad; se parecen de tal modo a los modelos que dentro de cien años nadie creerá en ellos".

Hombres que aparecen con su máscara ideal, la máscara del porvenir que ha de preservarles en esas variaciones de medio que son causa del ahogo en la anticuación.

Bajo el aspecto cubista se está dotado de la escafandra para pasar por las diferencias de tipo y de patillas de las épocas intermedias.

Sólo vestidos de buzos inmortales se podrá penetrar en el aire renovador de la inmortalidad. Todos morirán antes de entrar en el espacio enrarecido si no llevan la escafandra especial de los cuadros cubistas.

Para el pintor cubista el carácter no depende del modelado. Está por encima de los accidentes, y tras eso va el pintor, teniendo en cuenta, más que la figuración de ningún plano, las cantidades, las calidades, lo que le interesa, lo que él siente, el tacto de las cosas, los contrastes de la luz y sombra, el que si hubiera pintado toda la corbata roja le hubiera quitado potencia e interés, y por eso busca el complemento, que es el negro absoluto, y el que para fijar la nariz le basta con la cifra lineal, y el que para hacer la boca le basta con un cruce proporcionado, y el que para sugerir el perfil le es suficiente con un leve claroscuro.

Ellos no hacen obras en que lo menos importante del parecido, lo que hasta desconocemos de nosotros mismos dado con esa profusión, lo que pasamos por alto de las cosas es lo que triunfa opacamente en ellas, cubriendo la vía clara. Ellos no nos abotargan de materia sobrante, de materia estúpida y pegajosa, de todo eso que es vegetación impersonal y que no encubre del todo los retratos usuales porque nos miramos a los ojos y al rictus reconocible. Sin embargo, ¡qué gran desazón sentimos algunas veces queriéndonos quitar la careta sofocante, encarada como todas! Los cubistas llenos de sensatez evitan a sus modelos esa falsa semejanza, sin transpiración y sin ideas, que les haría parecerse demasiado a la especie vergonzosa. Ellos saben que las cabezas son iguales a las cabezas porque hay demasiados elementos deleznables que las asemejan y tienden a prescindir de ellos e intentan el frente, el perfil y la espalda. Afirman la idea del cráneo, y en vez de dar la superficialidad consagran con su reciedumbre y su rotundidad el carácter. Intentan dar la cifra del parecido, la cifra personal e intransferible, siendo, quizá, el retrato lo más hermético de su arte, porque quizá no se debe conocer a quien no se ha revelado antes ante nosotros, por más que este apotegma vaya contra la vanidad del retratado y sobre todo contra los hombres que tienen muchas condecoraciones y una banda de moiré. Sus retratos no se encaran sin distinción ninguna con todo el mundo; están llenos de delicadeza y de reservas, no dando gusto a la muchedumbre que quiere retratos animales de cuya representación y cuya semejanza se pagan algo todos. ¡Sus retratos no serán nunca, además, como esos retratos anónimos cuyo personaje se desconoce y que se quedan idiotizados, mirones, absurdos, teniendo la fácil y grave mirada que quieren los turistas, o los dilettantis suaves y melindrosos!

El hacer caso de la perspectiva clásica es como si en toda cultura hubiese que dar la sensación por delante, y ante todo y sobre todo de cuando no se sabía cómo se presentaba lo que se trataba de definir, cuando la ignorancia era mayor, cuando sólo era un supuesto falso.

Esa consideración palpable, amplia, completa de mi humanidad, dando vueltas alrededor de su eje, es lo que más me complace en este cuadro desgarrado y mapamundial. Si algo hay en nosotros que se pueda llamar alegoría, eso está en estos retratos cubistas. Como un cuadro no es un espacio puro, sino un espacio convencional, establece alguna confusión el que para mostrar las cosas que hay detrás o a un lado se tengan que mostrar buscando en el cuadro los sitios que queden al margen del centro, ocupando un lugar que no es el lugar puro en que debieran estar, sino el que les permite ocupar la imposibilidad de dar al cuadro un valor plástico de otro modo.

Yo, ¡qué queréis!, estoy muy satisfecho de ese retrato, que tiene la condición de que es de perfil y de frente al mismo tiempo, y tengo el gusto de explicarlo con un puntero, como quien explica Geografía, pues somos verdaderos mapas más que trozos de paisaje.

En ese retrato hay más cantidad de elementos que en otros muchos, aunque haya menos uniformes y menos condecoraciones.

Al hacerme ese retrato Diego María Rivera no me sometió a la tortura de la inmovilidad o a la mirada mística hacia el vacío durante más de quince días, como sucede con los demás pintores, ni me puso ese aparato que tanto se parece al garrote vil y que en las fotografías colocan detrás de la nuca. Yo escribí una novela mientras me retrataba, fumé, me eché hacia delante, me eché hacia atrás, me fui un rato de paseo y siempre el gran pintor pintaba mi parecido; tanto, que cuando volvía del paseo –y no es broma– me parecía mucho más que antes de salir.

El pintor tampoco se estaba inmóvil. A veces pintaba de espaldas a mí y, sin darme importancia, mirando con más interés el paisaje del balcón que a mí, o leía un libro como si copiase párrafos de sus páginas con colores de su paleta. Todo el cuadro estaba rebatido sobre el horizonte, hacia la distancia, sin limitar el espacio, sin que el pintor se hiciese el sueco ante ningún problema y sin que dejase de ser peripatético. Él no me podía tratar como a una momia inmóvil ni como quien por verme de frente pudiese hacerse el ignorante de que me conocía de perfil.

Este retrato es el más estupendo retrato mío. Sus colores me animan, y todo él me aparta de lo que de estampa podría haber en mi rostro. Mi retrato cubista no figurará nunca en ese concurso de presumidos a que asiste todo retrato. Con este retrato acabó en mí el poco aire de irresistible que pudiera haber tenido. Este retrato aspira más a la verdad pura y lironda que cualquier otro.

El gran pintor, que tantos triunfos ha tenido en París, donde tuvo su puesto a la derecha de Picasso por derecho consumado y depurado, llegaba por las tardes a mi casa con su pipa apagada como si sólo le sirviese para respirar, o como si fuese la cachimba de brea así como hay el puro y el pitillo embreados.

-¡Hola! –me decía a través del teléfono-trompetilla de su pipa.

-¡Hola! –le contestaba yo, y se ponía a trabajar en un ángulo de la habitación pensando como yo en la realidad, con el mismo encogimiento de hombros para toda otra aspiración. Los dos contestes y tranquilos pensábamos en nuestra realidad tan nuevecita y tan particular, que llega a parecer entonces una pura idealidad.

Me ponía a solas con mis pensamientos, permitiéndome los bostezos de sentirme solo. No estaban excluidos tampoco esos pequeños gestos de delirio, esos cambios de miradas con los objetos, las cosas y las paredes que se tienen en la soledad con un vivo juego de ojos y de torcimientos de cabeza.

No me martirizó con esa mirada inquisitiva y abrumadora de los pintores fotográficos, la misma –aunque

¡mucho más continuada!– que nos lanza la policía cuando escribe en nuestro pasaporte eso de:

Cejas, al pelo.

Nariz, dorso convexo.

Ojos, castaños.

Pelo, oscuro.

Boca, regular.

Color, sano.

Señales particulares, patillas y barbilla cuadrada.

Es absurdo tratar la oreja como un parecido. La oreja se desprende, es una forma que hay que simplificar como arabesco y agujero.

El pensamiento vive en los ojos y toda la figura coincide en el entrecejo.

¡Y cuántas cosas observaba y apuntaba Rivera, de esas que halla más que con fijeza en el modelo, intensidad del talento que descifra! Así apuntó mi ojo redondo, con pestañas en forma de estrellificación de la luz; mi ceja en forma de tilde rabiosa, exaltada, zigzagueante de una ñ (quizá la ñ de pestañas); mi otro ojo apaisado, entornado, rasgado, ojo con el que nivelo –como con un nivel de agua– lo que el otro ve con locura, deslumbramiento, embriaguez y remoción (de mi otra ceja no hablemos, porque está caída y disimulada, ya que lo digno es no tener más que una ceja elevada y disparatada como los Augustos de circo); mi nariz tonta, y mi boca que aunque es un poco tumefacta se salva a su tumefacción gracias a ese gesto que ha recogido Rivera, y que es como una X de aspas curvas. ¡Cuántas cosas resueltas!

Todo es acierto en este retrato, hasta.la posición de la mano que tiene la pipa, al fumar, en sus tres momentos: primero el de llevarse la pipa a la boca, segundo el de tenerla en la boca y tercero el de reposar la pipa en el cuenco de las manos, los tres instantáneos, seguidos, casi simultáneos, y con amalgama que él consiguió casi sin el punto muerto del guión entre el uno y el otro, porque era el primer pintor que se daba cuenta de que el arte de pintar es un acto de movimiento.

La pesadez de una parte de mi cuerpo necesitó un color más oscuro y con cierta espesura, así como la levitación de la otra parte es difuminación y color vivo, más vivo de lo que en la apariencia es. Los colores no son mezclas estúpidas y naturalistas, no. Así como una sensación que es ruda e inexplicable en el espectador vulgar, en el literato es una descomposición en palabras distintas y cambiantes, y se vuelve lenta y descifradora alargando y desarrollando el concepto, así sólo es digna de recogerse una apariencia en un concepto artístico cuando la desglosa de un modo extraordinario, sabio, fecundo, desentrañado y auténtico. Dar la autenticidad manifiesta sin la divulgación de los secretos íntimos y profundos de la cosa, es hacer algo inferior que lo exige la declaración excepcional que merece los honores de la publicidad.

En el retrato de Rivera estoy rotativo.

Cuando lo acabó Diego se expuso el lienzo en el escaparate de un sitio céntrico, y tanto público acudió a verle, tan amenazadora era su actitud frente a la luna del escaparate, tan estorbante era aquella muchedumbre para la circulación de la calle, que el gobernador ofició conminatoriamente al dueño de la tienda para que lo retirase del escaparate.

Entre los comentarios que hacía el público abundaba el de que aquél era el historial de un crimen, crimen que había yo cometido matando a mi víctima –cuya cabeza quedaba a mi espalda– con la browning que tenía a mi lado, y degollándola después con esa gran espada con cabellera en el colodrillo del puño, que también se ve en el cuadro.

III

Después, en el París de la guerra les volví a ver, a él y a Angelina, que seguía actuando a su lado como la intercesora que recomienda al Buda poderoso piedad para los hombres, siendo la fuente de dulzura que él se bebía tan incontinentemente como las aguas minerales.

Allí, en París, le temían todos. Yo le vi en una ocasión reñir seriamente con Modigliani borracho, reñir temblando de risa, pero todo su rostro lleno de una amargura terrible que entrecruzaba más sus ojos y aspeaba toda su cara con rictus resueltos.

Fue en el pequeño bar en que consistía la Rotonda en aquel tiempo. Algunos cocheros que oían la discusión volvían la cabeza para dejar de mover el azúcar de su café. Modigliani quería excitar a Diego, que tenía en la mano su bastón que era como el árbol que no pudieron abarcar seis soldados de Hernán Cortés.

La joven blonda, con tipo prerrafaelista, que acompañaba a Modigliani, estaba peinada con dos tortillons sobre las sienes como dos girasoles o dos auriculares para oír mejor la discusión.

Picasso en medio de la disputa tenía la actitud de un señor que espera un tren, el hongo metido hasta los hombros y apoyado en su bastón como si fuese un paciente pescador de caña.

Bajo la guerra en París, Diego pintaba como quien gana batallas, como quien se dedica con encarnizamiento a un problema tan agudo como el de la guerra. Estar en aquel estudio con grandes cortinas negras me pareció estar en otra clase de trincheras que las trincheras del frente.

Allí se contaban de él leyendas fantásticas: que tenía la facultad de dar de mamar con sus pechos búdicos (o de gran murciélago humano) a los niños; que estaba cubierto de pelo, cosa que debía ser verdad porque en la pared de su estudio, en efecto, dibujado por la rusa, Marionne, que le acompañaba en el trabajo vestida con traje de hombre y con botas de domadoras de tigres, estaba su retrato, desnudo, con las piernas cruzadas y acorazado de pelos anillados. ¡Qué seria obscenidad la de aquel dibujo encarnizado y verdadero!

Diego vivía entonces entre colores y botellas de Vichy que echaba en su hígado voraz, el reloj malo de todos los que problematizan la vida.

En la noche seguía buscando invenciones a la luz de una vela, mientras París iluminaba sus faroles bajo esas pantallas de ala ancha de los quinqués de las conspiraciones de conventículo.

Diego, frente a todos los eslavismos de la pintura que le rodeaban, pensaba ya en su tierra de promisión, en su México cuajado de luz y color.

Su pensamiento llegaba al perihelio en aquellas obras de la época enconada. Su pensamiento rodeaba, valuaba y centraba la tela, alcanzando esa justificación extraordinaria que sólo consigue lo que se nos da un poco en jeroglífico y en simpatía de descomposición y reformación. Todo se nos debe dar así, además de dársenos tanto en concepción, como en composición y como en capricho; todo en un juego directo, mostrando la lejanía irreparable que indica "la perspectiva del espíritu".

Daba los opuestos irrefutables, impresionistas por el contrario de los que creyeron que había que dar los dos componentes e hicieron puntitos de color bastardeando así la materia.

El pintor cubista en vez de trazar los colores con pigmentos ha necesitado del contraste de valores gracias al blanco y el negro y del contraste de colores gracias a todo el resto de la paleta.

Donde coinciden los planos resulta la materialidad cual se la ve, entrando en el teorema el peso de las cosas.

El mismo suelo no puede tener ese segundo término vago que se le da en los cuadros hipócritas; el suelo sale a flote en el cuadro y más si es ajedrezado. El papel de la pared es despreciado en su conjunto y se diría que, como en casa del papelista sólo enseñan una muestra, en el cuadro cubista sólo se ve en detalle un pedazo.

En medio del relámpago que provoca el cubismo se entrevén las sitibundeces de lo pasado.

Se pueden lanzar todas las extrañezas sobre el otro arte y se puede exclamar: "¡Valiente cosa pintarse a sí mismo como quien se afeita!".

Sabiendo que con sólo una mirada no se abraza sino un aspecto de las cosas, ¿por qué ha de ser el cuadro que es producto de una larga meditación sólo una mirada sin parpadeo?

Recuerdo de aquella hora de Rivera como si hubiese tratado a un verdadero inventor que aplicase sus descubrimientos a los cuadros.

Sobre la pintura de los que retrataba ponía una nariz de caucho, manejando con gran puntería y acierto lo que más sobresale del ser humano y que daba plasticidad al cuadro sin imitar la nariz más que en su geometría para que no pareciese nariz de carnaval superpuesta a la tela.

Resultaba aquel retrato como reloj de sol de la expresión humana, el gnomon estilizado del producirse.

IV

A veces pregunto a los que vienen de México.

—¿Aún fuma Diego en su pipa sin tabaco?

—Aún —me responden.

Diego va encontrando su raza como en la excavación de su mente, arquetipándola con respecto a sí mismo.

Subido en altos andamiajes, un día se cae de uno de ellos como si ése fuese el bautizo de aviador que recibe el pintor importante.

En el México renovado por la revolución se agrupan con Rivera artistas como Orozco, Sigueiro, Carlos Mérida y Jean Charlot.

Ese alto sentido moral de trabajo y arte que caracteriza a Rivera le ponen en lo alto del Gólgota, defendiéndose a tiros de ser mártir.

Viste Diego el traje mundial del trabajador, el overall, y en esa humildad de traje de mecánico se resiste al oro norteamericano y ha pegado su pintura a los muros para que no la puedan desprender de ellos los dólares.

Diego trabaja de doce hasta veinticuatro horas seguidas. Su menú se compone de plátanos, tlacoyos, mangos, peras, manzanas y un vaso de agua. Compra su cocina fructariana en los pintorescos mercados mexicanos.

El total de su vida tiene un aire heroico.

Se cuentan de él sucedidos valientes.

—¿A qué debemos el honor de verle por la Academia de Bellas Artes?

—Vengo a m... —respondió el pintor.

Alguien vengativamente le acusa de incendiario en una ocasión.

Diego desprecia a los burgueses y a los políticos de mediocre ideología.

—El día en que los pendejos estén de acuerdo —suele decir— se acabó el mundo.

Se habla mucho de la terrible pistola que Rivera lleva al cinto y que él dice que le sirve para orientar a la crítica. Con esa pistola amenazó un día a un poeta que tardaba en leerle sus poesías. "O me lee, o disparo".

Conoce todas las gamas desde los más delicados colores a los que llamean violentamente en los cráteres.

Con todas las gamas ha pintado los frescos del zodíaco mexicano en pulquerías, juguetes de los niños, cancioneros ambulantes, cacharros de la época precolombina, industrias del país.

Adquiere cada vez más a la vista de todos aquella figura colosal que yo encontré en él desde el primer momento.

Lo que ha fundado en México es un nuevo renacimiento que se da la mano con el sano nacimiento del arte azteca. Ha hecho en realidad lo que en pintura se puede asemejar a la pirámide escultórica.

Es un amigo de los indios, de los agrarios, del pueblo de perfiles acusados y por eso en las estaciones de su país se indigna con los "coches especiales" que usan los paniaguados.

Toda su obra está llena de figuras representativas que cantan los corridos burlones, revolucionarios; esas estrofas octosílabas que nacen de la improvisación de los corros, en medio de una melodía "corrida" que sostiene la guitarra sin eclipsar al rapsoda.

Dan la una, dan las dos
y el rico siempre pensando
cómo le hará a su dinero
para que vaya doblando.

V

Ahora, como final de esta silueta, un breve resumen itinerario cronológico.

Diego nace en México en la ciudad de Guanajuato en 1886 y se establece con sus padres en la capital de México en 1891. En 1897 comienza a tomar lección de dibujo siguiendo su aprendizaje hasta que en 1907 va a España donde, estudia y trabaja mucho asistiendo al taller de Eduardo Chicharro.

En 1908 y 1910 viaja por Francia, Bélgica, Holanda e Inglaterra y en octubre de 1910 vuelve a México, donde permanece hasta junio de 1911 asistiendo al movimiento zapatista.

En 1911 vuelve a París donde recibe influencia de Seurat y de Cézanne, apareciendo en 1914 unido al grupo cubista, aunque siempre hay en sus cuadros influencias exóticas mexicanas.

En 1921 viaja por Italia y se dedica a copiar los primitivos cristianos, volviendo a México en septiembre del mismo año. Decora por entonces el anfiteatro de la Escuela Nacional Preparatoria, y del 1923 al 1926 acaba los decorados murales de la Secretaría de Educación Pública y Escuela Nacional de Agricultura de Chapingo, obra monumental que comprende ciento sesenta y ocho frescos.

Después hace un viaje a Europa. Ya no pasa por España, cuya temporada toledana fue en él ejemplarizadora de heroicidades montuosas, de planos a lo Greco, de alpinismos espirituales. En ese viaje a Europa pasa por la Rusia de los Soviets donde quieren contratarle para que ornamente los muros de la nueva República.

Rivera sale encantado del color rojo que tiene todo en Moscú y encuentra un peregrino parecido entre la capital rusa y Sevilla.

Apenas toca dos días en París y vuelve a su México prodigioso, a pintar auroras, frutas, mujeres y hombres.

Madrid, enero de 1931.

Publicado en *Sur* [Publicaciones periódicas].
Otoño 1931, Año I, Buenos Aires

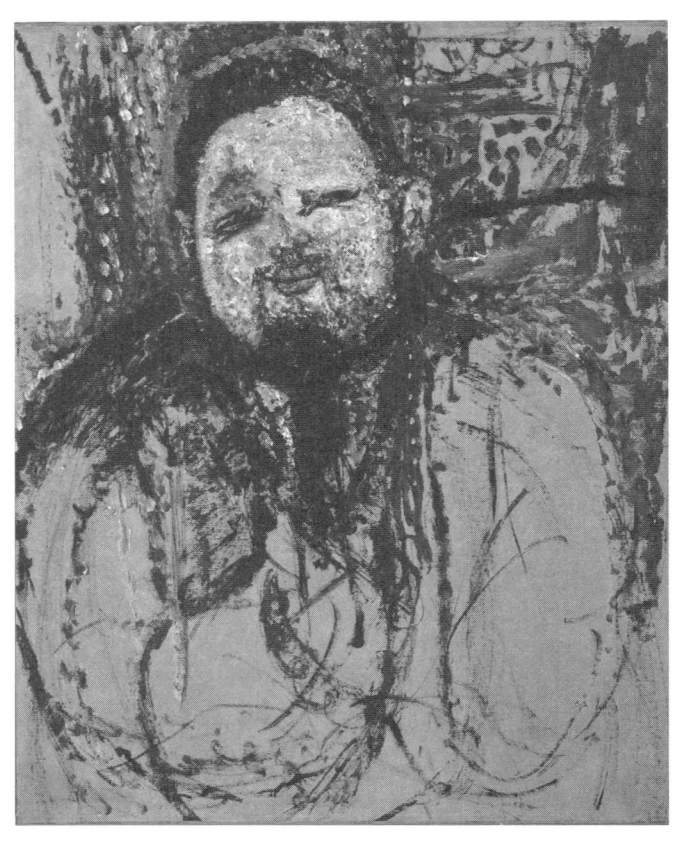

Amedeo Modigliani, *Retrato de Diego Rivera*, 1916
Museo de Arte de São Paulo

Diego Rivera: creador de públicos
o el muralismo y la reinvención de México

Carlos Monsiváis

> *Los buenos murales son realmente Biblias pintadas y el pueblo las necesita tanto como las Biblias habladas. Hay mucha gente que no puede leer libros, en México hay muchísima.*
>
> José Clemente Orozco

Recién llegado de la ciudad luz

En 1921, Diego Rivera vuelve de Europa a pintar ("a bajo costo") algunos murales en la Escuela Nacional Preparatoria de San Ildefonso. Es ya, a los 35 años de edad, una leyenda casi pública, el artista mexicano en Europa, virtuoso de las técnicas académicas, vanguardista audaz. Al orgullo nacionalista le incumbe el éxito de Rivera en París, su amistad con Picasso y Foujita, los distintos retratos de Modigliani (que lo vuelve un "enigma asiático"), la novela *El extraordinario Julio Jurenito*, de Ilya Ehremburg, donde Rivera es personaje central.

Si Rivera no ha vivido los conflictos armados, sí cree en la fundación del tiempo nuevo. Por eso le entusiasma la meta propuesta: dar la versión artística de los cambios de la época. El ministro de Educación Pública José Vasconcelos, invita a Roberto Montenegro y a Rivera. Montenegro pinta en San Pedro y San Pablo un mural sin consecuencias. Diego opta por un homenaje al humanismo: el mural La creación, con envíos al Renacimiento Italiano y al neoclasicismo, a Fra Angélico y las musas. El mural se presenta en 1923, cuando ya trabajan en San Ildefonso José Clemente Orozco y David Alfaro Siqueiros. Al esfuerzo colectivo, más dispar de lo que se reconoce y más unido de lo que se admite, se le llama "muralismo".

De la academia y sus disidentes

A principios del siglo XX, el grabador José Guadalupe Posada trabaja con tecnología precaria y en pésimas condiciones. No se considera un artista ni nadie lo ve así. Es, y eso le resulta suficiente, el artesano honesto impulsado por su imaginación, y al que condiciona a tal punto su falta de ambiciones económicas que no obstante su producción cuantiosa muere en la miseria. Al mercado del arte –al mínimo a la disposición– lo rige la inercia distribuida en copias de los grandes maestros, academismo perezoso y homenajes por contrato a héroes y señoras

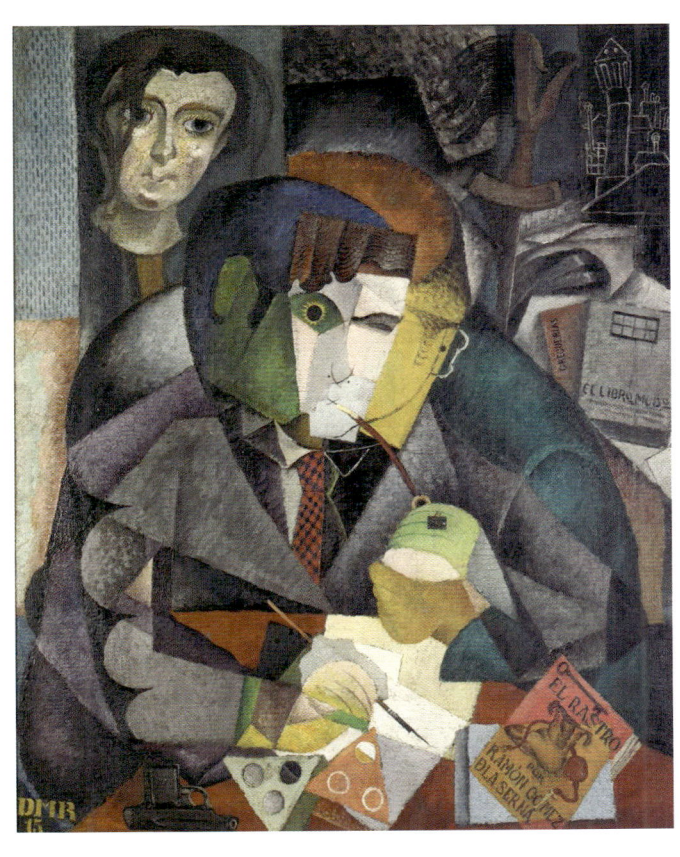

Retrato de Ramón Gómez de la Serna, 1915
MALBA, Buenos Aires

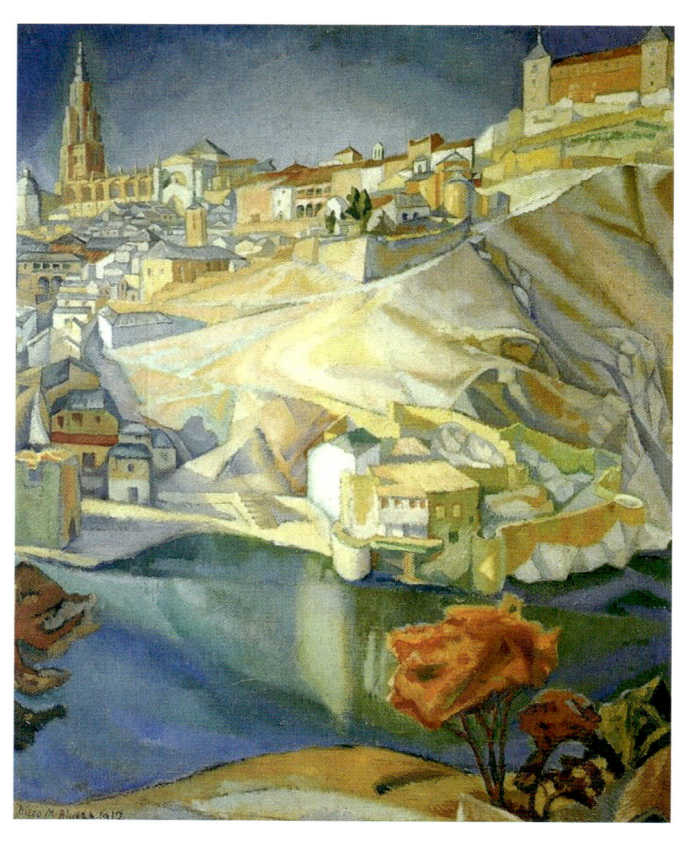

Vista de Toledo, 1912
Museo Amparo, Puebla de Zaragoza, México

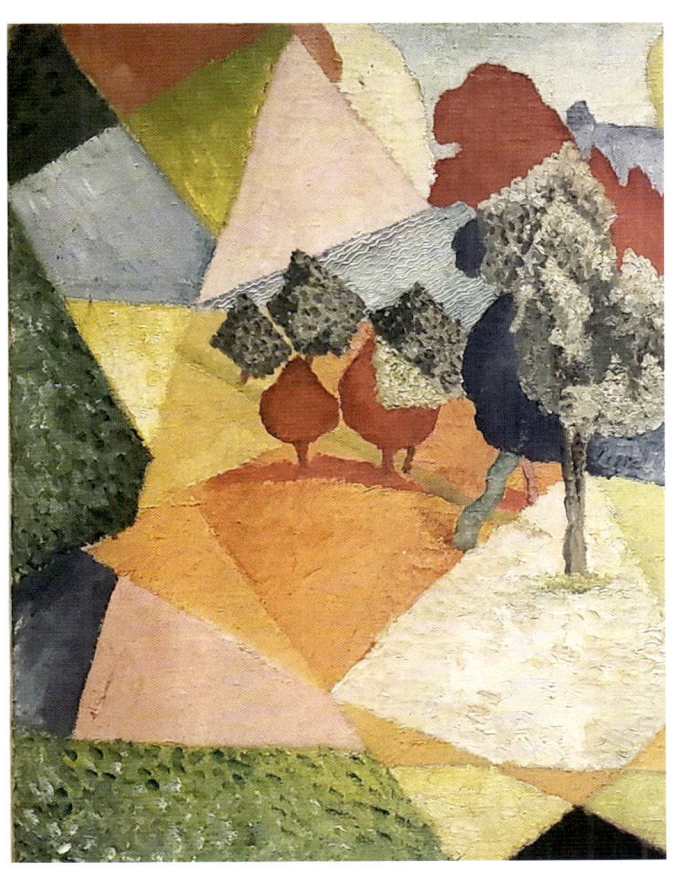

Paisaje cubista (detalle), 1912
Museum of Modern Art, Nueva York

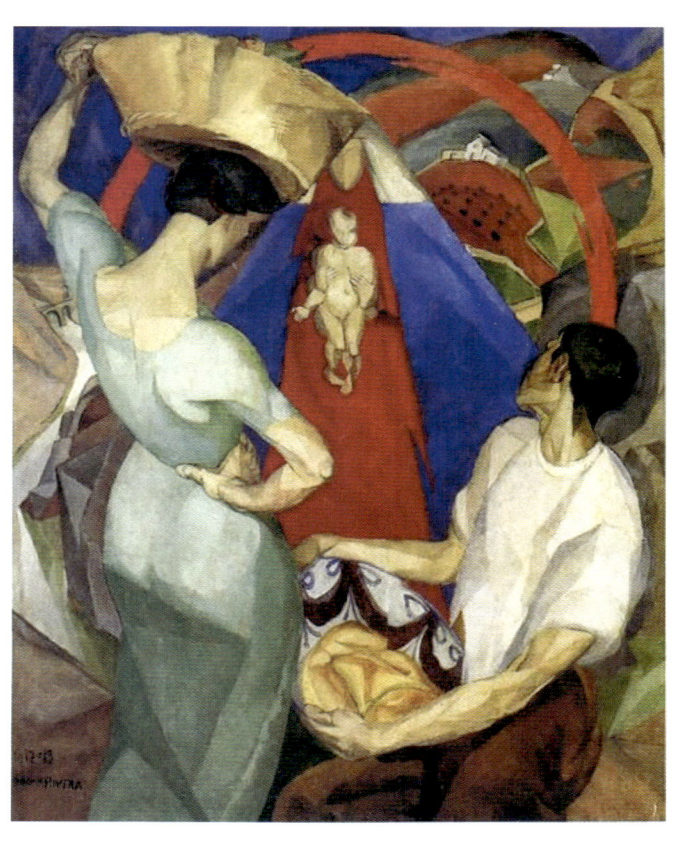

Adoración de la Virgen, 1913
Colección privada

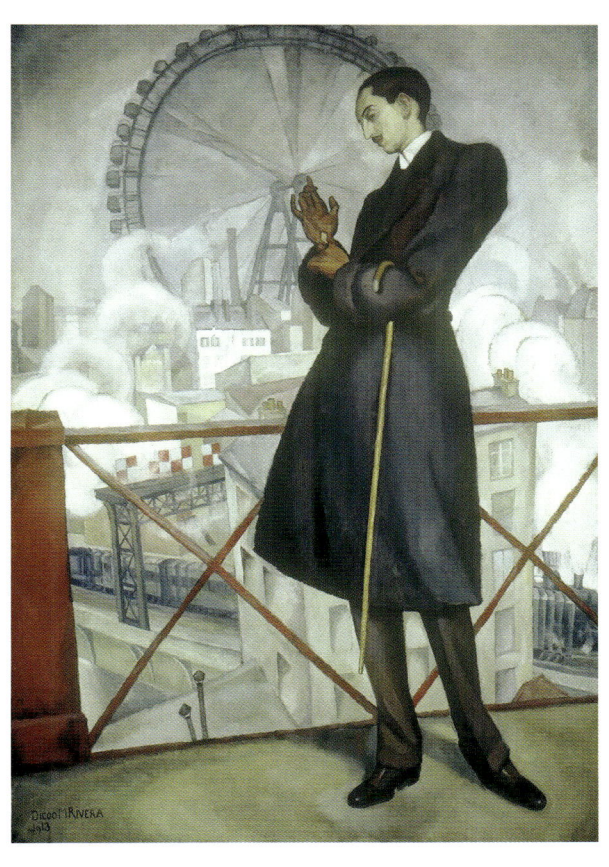

Adolfo Best Maugard, 1913
Museo Nacional de Arte-MUNAL, Ciudad de México

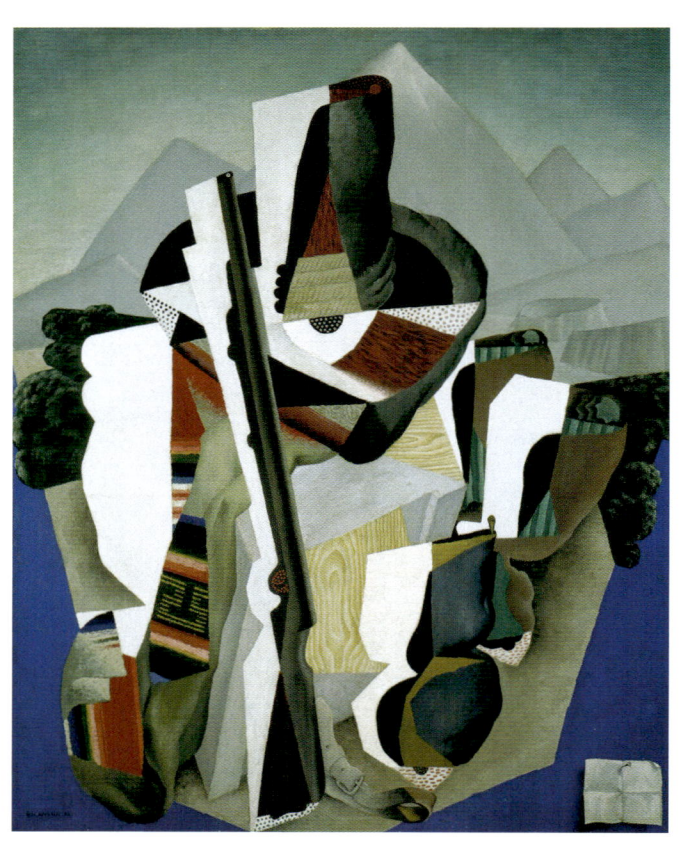

Paisaje zapatista, 1915
Museo Nacional de Arte-MUNAL, Ciudad de México

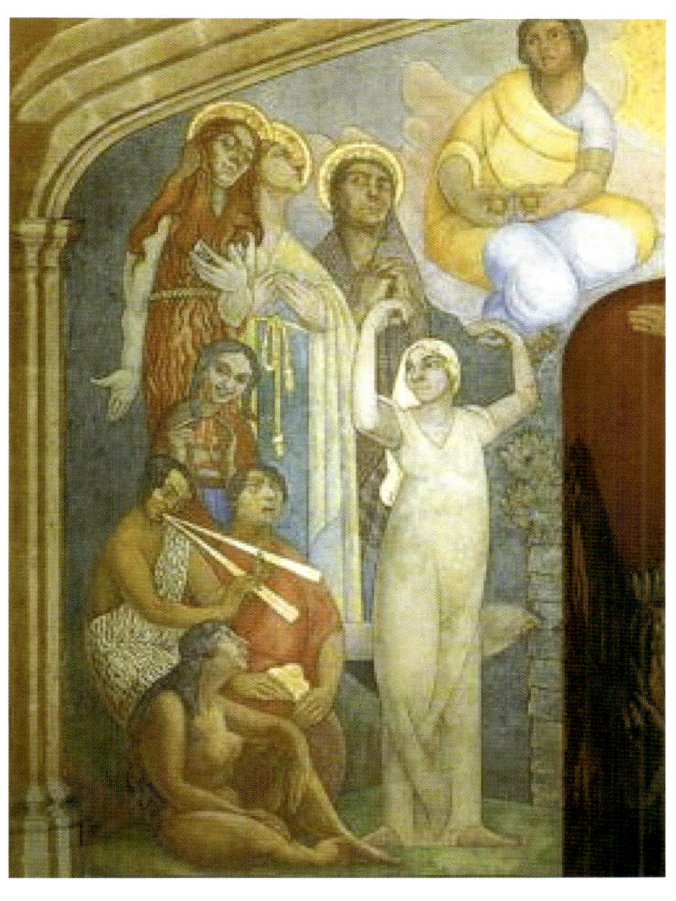

La Creación (detalle), mural, 1923
Anfiteatro Simón Bolívar, Colegio San Ildefonso, Ciudad de México

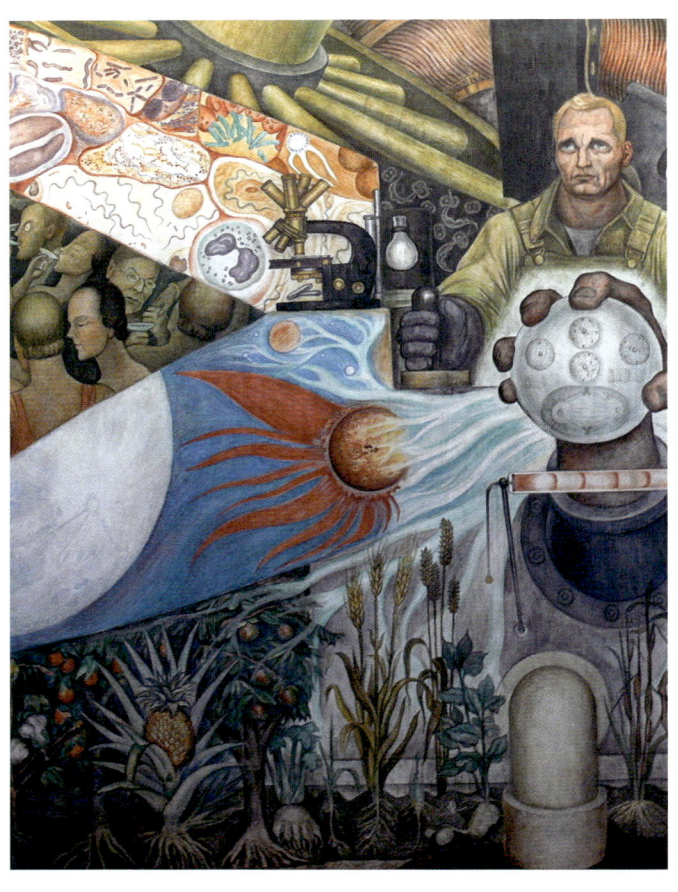

El hombre en la encrucijada (detalle), mural, 1934
Palacio de Bellas Artes, Ciudad de México

pudientes. Pese a esto, hay grandes pintores. Hermene-gildo Bustos es ejemplo conspicuo de una obra original muy distante de los retratos de salón donde todos se ven hermosísimos y no hay defecto concebible. (El "retrato de sociedad", elaboración instantánea de alcurnia y de estir-pe) José María Velasco celebra el paisaje como victoria literal de Dios, donde cobra relieve la verdadera dimen-sión del ser humano. Germán Gedovius es un excelente retratista al servicio de la intemporalidad (la "serenidad clásica") atribuida a las clases altas. Y un fenómeno extraño: Julio Ruelas. Un raro, en el sentido de Rubén Darío, un modernista *avant la lettre*, seguidor de Edgar Allan Poe y de los simbolistas, un equivalente de las cere-monias y las profanaciones de la literatura gótica.

Si se observa la idealización pictórica de la raza indíge-na, se aprecian mejor las aportaciones de Bustos y del muralismo. El racismo criollo y mestizo ve en la raza indí-gena algo concluido, sin continuidad concebible, a la que representan en las calles de la gran ciudad y en los pueblos ejemplos degradados y degenerados. Para afirmar y en algo contradecir esta tesis, Saturnino Herrán e incluso el pintor de calendarios Jesús Helguera pintan a indígenas de belleza aturdidora, *bodybuilders*, precursores de las flo-res de gimnasio. La estrategia subyacente es demoledora: estos indígenas son tanto más bellos al ser sus descen-dientes tanto más feos. En los veintes, al olvidarse de tal idealización, los muralistas se acercan al indígena, incluso con la "estética de la fealdad" de Orozco. Y su antecedente reconocido es Posada con sus diez o doce mil grabados que no pretenden "mejorar" el aspecto de los nativos. Son como son, y "hermosearlos", además de inútil, es empresa del ocultamiento con sentido de culpa.

En buena medida, el muralismo se inspira en los ofrecimientos de los templos, donde los óleos se le presentan a los fieles como devoción inspirada. Si aún se está lejos de las masas del turismo religioso (las iglesias como museos), la manifestación artística admitida por todos es la religiosa. Entonces no se aprecian con sistema la pintura virreinal, ni la muchedumbre de vírgenes y santos y cristos de excelente factura, ni la magnificencia del arte indígena en Santo Domingo, en Oaxaca, en Tepotzotlán y Tonanzintla, pero la contemplación frecuente y la fe equilibran la falta de rigor apreciativo. La mirada se entrena ante la doble revelación (la belleza de aquí y la del Más Allá), y el énfasis de lo artístico se filtra impensadamente. Y lo que ayuda al muralismo es la idea generalizada: los muros también albergan formas trascendentes.

En la variedad está el pueblo

En 1921 no se diversifica en demasía la vida artística en la capital. En el catálogo se anotan los pintores, escultores y grabadores que depositan su identidad en el academismo; la inexistencia de críticos y galerías de arte; el descuido y la ausencia de política de adquisiciones en los poquísimos museos existentes; las novedades importadas por el gusto "afrancesado"; la escasez de libros y publicaciones especializadas en arte; el déficit de público y compradores; el fracaso del gusto reconocido (notoria en las residencias en donde la esencia de lo bello es un paisaje del Sena desde México); la inundación de esculturas neoclásicas que delatan la fallida universalidad de la clase dirigente; los estallidos bohemios, pago autodestructivo por la sobrevivencia en un medio "filisteo"; la incredulidad militante ante la experimentación de las vanguardias, o ante la posibilidad de un *arte popular*.

Sin embargo, desde 1906, al organizar Gerardo Murillo el Dr. Atl una exposición de arte nuevo, se vislumbra la actitud que en 1913 fortalece el movimiento de escuelas al aire libre de 1913, cuando maestros y alumnos intentar nacionalizar su temática, y recrear paisajes y personajes en verdad a su alcance. Pero en los años de la revolución armada no se le concede atención al arte. Por eso, una de las mayores aportaciones del muralismo en general, y de Diego Rivera en particular, es la instauración de un público que, irritado o desconcertado al principio, se desprende un tanto a fuerzas del exclusivismo de sus costumbres visuales: la pintura de templos y conventos, y el arte académico, y termina adquiriendo otro punto de vista.

La irrupción del muralismo

¿Qué se espera del arte en 1921? Que a sus observadores (de ser posible, también sus propietarios) los convenza de su grandeza social. "Yo estaba harto de pintar para los burgueses –le dice Rivera a Bertran D. Wolfe en 1923–. La clase media no tiene gusto, y menos que nadie, la clase media mexicana. Todo lo que quieren es su retrato, o el de su mujer o el de su amante. Raro en verdad es quien acepta que lo pinte tal y como lo veo. Si lo pinto como yo quiero, se rehúsa a pagar. Desde el punto de vista del arte, era necesario encontrar otro patrón".

Lo afirmado por Rivera es demostrable. A lo largo de la dictadura de Porfirio Díaz, mientras aguardan las becas o las compras de cuadros del gobierno federal o local, los artistas dan clases y se dedican a la mitomanía por encargo: ennoblecer y volver armónicos los rasgos de sus mecenas.

Una sociedad en transición violenta a la estabilidad prefiere sobrevivir a sensibilizarse, y sólo unos cuantos pintores tienen clientela; los demás padecen el arrinconamiento, las clases mal pagadas, las deudas, la dependencia familiar, las imprecaciones al Dios olvidadizo. Por fuerza, el Estado les parece la gran salida profesional, y no es el mérito menor de Rivera convertir en pacto, no en relación de compra-venta, la inclusión de los artistas en el universo estatal.

Al general Álvaro Obregón, presidente de la República Mexicana de diciembre de 1920 a 1924, no le concierne el arte (a los ojos de un caudillo agricultor, fruto de dos rarezas: el ocio y la inspiración), pero le urge prestigiar su régimen neutralizando la leyenda internacional de un país de bandidos, y de turbas que fusilan ciudadanos decentes en plena calle, mientras a carcajadas se enfundan los sombreros de señoras. En su búsqueda de respeto a su gobierno, y de créditos financieros del exterior, Obregón está dispuesto a mudar de personalidad, patrocinando incluso el arte y las humanidades. También, y con más ahínco, enfrentar el peso muerto del analfabetismo –cerca del 80% de la población–, obstáculo feroz del proyecto de modernización. (Si la mayoría no se prepara en forma mínima, ni habrá industrialización ni las élites conseguirán público). Por eso requiere Vasconcelos, el proyecto educativo y cultural que transforme externamente al Estado. En su turno, Vasconcelos añade su plan obsesivo: humanizar la revolución, es decir, proponer el contexto humanista que le quite espacio al "primitivismo" (la carga militar y popular).

Para Vasconcelos, la verdadera revolución es algo distinto a los campos de batalla y la toma de ciudades, es el retorno o la entronización de la conducta civilizada, de las metas del Espíritu. *Revolución* es el ordenamiento del país en función de la cultura occidental. Por eso, en el plan literalmente renacentista de Vasconcelos, además de escuelas y misiones rurales, se incluyen lecturas de clásicos, porque conviene que el pueblo ame y admire –entre otros– a Beethoven, Platón, Tolstoi y Romain Rolland. En parte, el programa de Vasconcelos deriva del miedo, la ira o el respeto ocasional que el sector ilustrado siente por la revolución campesina; en parte, tal utopía cultural y artística expresa el anhelo de transformaciones a la altura del prestigio de la revolución, vigorizado por el triunfo de los bolcheviques en Rusia. Y expresa el viejo propósito liberal de extirpar el analfabetismo que incomunica a los seres humanos. No habrá nación mientras nos sojuzguen el fanatismo y la ignorancia. Educar es crear una cultura laica que comparta de algún modo el aura religiosa, y la unidad republicana se dará si se comparten la mística educativa y las visiones épicas de la historia. El proyecto cuaja de manera muy insuficiente, pero entre sus logros, se halla el movimiento muralista, que usa de atmósferas triunfalistas del Estado nuevo, y en canje entrega una mitología.

La lectura inevitable

Unos cuantos leen. Todos son capaces de ver. Vasconcelos sabe lo que hace al elogiar la fuerza didáctica de la pintura. Si contrata artistas, le pide a Diego Rivera que abandone Europa, y cede los muros de antiguos conventos, no es con tal de prodigar Boticellis y Fra Angélicos, sino en pos de su utopía. A colectividades que desprenden su información religiosa de la mezcla de rezos, sermones airados, imágenes piadosas y relatos de apariciones, Vasconcelos les ofrece el murmullo casi eclesiástico del aprendizaje escolar, y la herencia de los liberales, la noción de la historia nacional como proceso a su modo sagrado. Para Vasconcelos los murales equivalen a la pintura devocional fuera de las escuelas, el entrenamiento visual donde el pueblo se disciplinará en la armonía que alivie su vida desgarrada. Le declara en 1923 a Renato Molina Enríquez, su deseo de ver un arte saturado con vigor primitivo nuevos temas, que combine sutileza y el sacrificio de lo exquisito y de lo perfecto en aras de la grandeza. Muy probablemente, Vasconcelos invoca el genio del Buen Salvaje, pero no vislumbra el cambio ideológico que a fines de 1923 radicaliza a Orozco y Siqueiros y acto seguido a Rivera. Dura poco el proyecto original de Vasconcelos. Lo expresa de manera muy abstracta, y los pintores contratados se fastidian ante lo que consideran vaguedades humanistas. Influidos por el arte europeo de la posguerra, por las libertades artísticas, por el ideal de la cultura y la política revolucionarias, los pintores desdeñan el mensaje de Vasconcelos, y eligen otros caminos. En primer término, el compromiso doble con el arte y el pueblo, la consignación pictórica del pueblo que en 1910 emergió con violencia y en la década del veinte persiste desafiante y tenso. Rivera especifica su meta: "Escribir en enormes murales públicos la historia de la gente iletrada que no puede leerla en libros". Y tal aspiración, igualarse al vértigo revolucionario, da lugar a una estética distinta, concentra versiones de luchas sociales de México y del mundo, incorpora en los muros a símbolos y multitudes desplazados pero aún no eliminado del todo. El resultado es el perfil legendario y la obra múltiple de un movimiento, la Escuela Mexicana de Pintura, de grandes resonancias internacionales y nacionales, ratificación de la vitalidad de la revolución triunfante, resumen irremplazable de la Historia nacional, incentivo del nacionalismo cultural.

Aparición de los monotes

A los conservadores les indigna la profanación de los sitios virreinales, y los burgueses se aferran a nociones reverentes de la obra de arte, esa materia sublime cuya posesión certifica el ascenso social, y que es maravillosa porque así la consideran quienes viajan. A los demás, primeros testigos, adversarios y discípulos del arte público, los murales casi siempre los irritan, entre otras cosas porque lo situado al alcance de todos no puede ser obra de arte. Pero de allí surge el público integrado por espectadores que por primera vez, y casi siempre de modo difuso, se plantean problemas estéticos. De entrada rechazan estas formas monumentales, que ellos o sus descendientes terminarán amando. No se capta con celeridad una ruptura con el sentido del arte como la planteada por Orozco en 1924:

La forma pictórica más alta, la más lógica, la más pura, es el mural. Es también la forma más desinteresada, porque no puede ser asunto de ganancias privadas, no puede esconderse para beneficiar a unos cuantos privilegiados. Es para el pueblo. Es para todos.

Tan no es muy apreciado oficialmente el muralismo que el Presidente Álvaro Obregón sólo lo menciona una vez: "Para estimular a los pintores nacionales, (El Departamento de Bellas Artes) les ha encomendado la decoración de edificios públicos dependientes de la Secretaría, los cuales han quedado bellamente decorados con poco costo" (Informe presidencial de 1923), *Bella decoración a bajo costo*. ¿Quién sería más explícito? Vasconcelos, preocupado por la cantidad de paredes cubiertas, repite su lema: "Superficie y rapidez", y conmina a los ejecutores de la obra: "Háganlo tanto o más feo de lo que han empezado a hacer, pero háganlo pronto y en el mayor número de metros cuadrados que sea posible" (David Alfaro Siqueiros en *Me llaman el Coronelazo*). Así, ni Obregón ni Vasconcelos admiten los notables resultados de su patrocinio. No reniegan de él, en última instancia lo admiten y sostienen, pero los agrede su "feísmo", su monstruosidad convulso y pedagógico su mensaje explícito que de inmediato se califica de demagogia.

¿Quién hubiese impedido el *shock of recognition* del muralismo? Al ser proposición artística y provocación moral, frente político y estético a la vez, nunca se le juzga con un solo criterio y eso, que conlleva injusticias críticas, le imprime la mayor notoriedad. Los muralistas anhelan formas distintas que al ampliar los temas, les quiten su carácter convencional de temas, y los vuelvan también proclamas y desafíos, o algo más radical: pintura que desprende el tema de la forma, y alegato vinculado orgánicamente a la pintura. Hay que conmover, enfurecer, desquiciar, radicalizan. Si a los murales los burgueses les llaman "Los Monotes", que esos grandes trazos ridiculizados ridiculicen a su vez las pretensiones de los burgueses.

Dialéctica simple e inevitable: los espectadores se burlan desde la superioridad de su incertidumbre cultural y los artistas desprecian en su trabajo las convicciones y creencias profundas de sus espectadores inaugurales (con todo y su idea de arte). A una sociedad habituada a la consignación beata de cristos, vírgenes, santos en trance de martirio y santos nimbados de alegría mística, la inversión de signo la enardece e irrita. ¿Por qué el obrero en el sitio del Redentor, por qué los campesinos en posiciones mesiánicas, por qué la mujer campesina en el lugar providencial de la Madonna? Los espectadores se indignan ante la falta de sutileza del fresco donde Cortés invade el sexo de la india Malinche ("Lo cortés no quita lo caliente"), y les enfurece que se le atribuya rapacidad homicida al monje evangelizador. Desconciertan –crímenes son del nivel medio de conocimiento– el uso dual de la expresión renacentista y del expresionismo, y el manejo propagandístico de la pintura. De alguna manera los muralistas añaden en su trabajo las reacciones de quienes los contemplan, y esta fusión del arte y el público posible determina su fama, su poderío y su vivir atados a la polémica.

A los factores negativos (carencia de tradiciones de enseñanza artística y de infraestructura cultural, aceptación del arte a partir de sus temas), se añade el odio de los tradicionalistas a la prédica socialista y revolucionaria. Al pintar en San Ildefonso desde 1922, Diego Rivera, José Clemente Orozco, David Alfaro Siqueiros, Fernando Leal, Fermín Revueltas, García Cahero, conocen a sus primeros opositores: los estudiantes. Entonces, los universitarios, a lo más diez mil personas, no son las muchedumbres de porvenir indefinido de hoy, sino la categoría social de conservadurismo atado a la esperanza de poder. Encauzados por una tradición rígida, los alumnos de la Preparatoria de San Ildefonso son la reserva natural de la oligarquía (No hay preparatorias privadas dignas de mención) y, antes que intelectuales en ciernes, se sienten protectores de la sociedad que los encumbrará, pilares del respeto a las creencias, gobernantes en ciernes que defienden a Familia, Iglesia y (determinadas) instituciones contra la impiedad, el vicio, la blasfemia, la depravación, el saqueo de la turba.

Entre ellos una minoría actúa en nombre de la revolución, pero los más reaccionan con vehemencia ante las "profanaciones", prodigan burlas y movilizan al sector-que-cuenta de la ciudad de un millón de habitantes. Narra José Clemente Orozco:

A los preparatorianos no les caía bien la pintura. Puede decirse que a nadie le gustaba... ya sabido esto por (el escultor) Ignacio Asúnsolo, se presentó una mañana al frente de los sesenta canteros que tenía a su servicio y blandiendo su pistola 45 comenzó una balacera que agotó los tiros de sus tres cananas, y él y su brigada lanzaron mueras a los estudiantes "reacios a la belleza".

Para estos jóvenes guardianes de la tradición, son inaceptables la virulencia anticlerical, la exaltación de las "clases bajas", la representación grotesca de los símbolos e instituciones religiosas, el alborozo ante la violencia revolucionaria. Si esto es arte, alegan los airados bachilleres, se acerca el fin del mundo conocido. Al respecto, es adecuada la explicación de Alfaro Siqueiros:

Fue precisamente en el Colegio Chico, y frente a mi obra en proceso, donde se produjo el choque entre nosotros, los pintores, y los estudiantes preparatorianos, seguramente movidos por dos impulsos: el primer impulso tenía una base política muy concreta y, dentro de ese lineamiento, una base religiosa fanática. Y en el segundo caso, el móvil era esencialmente estético. A los estudiantes, por influencia de muchos de sus viejos maestros reaccionarios, tanto en política como en arte, nuestras obras les parecían una especie de resurrección idolátrica prehispánica y algo positivamente feo. Para ellos nuestra pintura era ateamente horrenda, una verdadera blasfemia a Dios y al arte.

Tan grave fue la situación, que los pintores tuvimos que defendernos a balazos de los disparos que con frecuencia lanzaban los estudiantes, sin duda alguna más contra nuestras obras que contra nosotros mismos, pues la puntería no tenía por qué haber sido mala... Pero no solamente eran los estudiantes que veían en nuestras obras blasfemias y horror estético, simultáneamente, nuestros enemigos. Lo eran también la mayor parte de los jóvenes de izquierda y, entre ellos los muy hermosos del grupo que podíamos presentar como encabezado por Salvador Novo. Éstos hacían uso de la ironía cínica, por demás directa, pues se colocaban debajo de nuestras obras y en esas condiciones empezaban a hacernos preguntas sarcásticas... y así llegábamos arremeter físicamente contra tan molestos chocarreros (En *Me llamaban el Coronelazo*).

El rechazo no se dirige sólo a los muralistas. Refiere el gran precursor Gerardo Murillo, el Dr. Atl: "Mis pinturas no le gustan al público porque no las entiende: también poco le gustan a quienes las encargaron... los artistas las encuentran demasiado dinámicas... es a mí al único al que le gustan". Y narra el pintor Ramón Alva de la Canal: "Estaba rodeado por estudiante de la Preparatoria... de pronto salió disparado un objeto, y con una puntería admirable, un huevo se estrelló contra mi trabajo del día".

El muralismo interrumpe la triste fiesta de una clase media muy segura de su sitio en el proceso de reintegración nacional. Y el símbolo del conjunto odiado es Diego Rivera, no necesariamente el de temática más radical, pero sí el más famoso y pintoresco, el más agresivo en lo verbal, el abanderado de la secularización, del traslado del arte fuera de los templos, de la democratización del arte que mancilla los privilegios sociales. Para la gente decente (si usted no sabe quiénes la componen, no merece pertenecer a ella), Diego y los muralistas adelantan el país que sobrevendrá si no resisten, y esa reacción obliga a Vasconcelos en 1924 a interrumpir el trabajo de Orozco en San Ildefonso y lleva a los pintores a crear para defenderse, el Sindicato de Artistas Plásticos.

La batalla del muralismo se gana porque el nuevo arte es a la vez el *proletkult* y la cultura de un gobierno necesitado de propaganda. Si el ministro Vasconcelos y el presidente Obregón admiten a estos renovadores y provocadores, es por la necesidad de un arte público, que ahorre tiempo cultural y emita un pregón: la Revolución Mexicana es tan sólida que ya patrocina el arte, antes de hacerse cargo de la interpretación de la Historia. Y un apoyo inmenso les viene por sorpresa: la fe de viajeros norteamericanos y europeos (escritores, artistas, intelectuales, organizadores políticos) en la estética de la revolución, fe que es también, asombro ante las hazañas de un pueblo "primitivo" y regocijo por la vitalidad centelleante.

Por admiración genuina o prejuicio admirativo, se va a México a observar la celebración pictórica de las masas, la alianza de la ideología liberal y socialista (anticlerical y antiplutocrática), el auge del entusiasmo propiciado por la revolución. Los viajeros son los primeros en difundir la complejidad de una pintura que, además de las lecciones de la pintura europea, aprovecha la historia y las tradiciones populares: el teatro frívolo (*music-hall*), la pintura en tabernas y vecindades. "Nunca –afirma Rivera– dejaron de pintarse en México pulquerías, fogones, cubos de zaguán de vecindades populares y corredores de cascos de haciendas y casas señoriales de provincia".

Esta vanguardia de europeos y norteamericanos reconoce la existencia de un fenómeno: el Renacimiento Mexicano (*The Mexican Renaissance*), el milagro de un pueblo que hizo la revolución y le añadió el arte único. Y estos viajeros, a la vez críticos y compradores, son el antecedente del gran mercado turístico. Siqueiros narra un encuentro entre Diego Rivera y José Clemente Orozco cuando el primero les sugiere proponerle al presidente Miguel Alemán la creación de una "Ciudad del Arte" cerca de la Ciudad Universitaria: Orozco, acercándosele a Diego le dijo: "Usted no es tonto, pero el presidente de la República va a creer que es el más grande pendejo que ha existido. Ahí no va a ir ni un solo mexicano, ahí se va a hablar el inglés y usted siempre imaginando cosas para turistas".

Si es muy vasto el público mexicano del muralismo, el interés creciente de los extranjeros evidencia el atractivo nacionalista de un arte declaradamente internacionalista. Pronto, la presión del público obliga a los artistas –mercadotecnia involuntaria– a subrayar aspectos locales, relegando los símbolos universales. Y los visitantes divulgan también la personalidad legendaria de los pintores, subrayan sus diferencias, enumeran sus rasgos ciclópeos, los comparan con Miguel Ángel y Tintoretto o con los caudillos políticos. Y mientras un sector exige borrar las "manchas de los corruptores del arte", otro, pequeño al principio, adora a los muralistas. Y factores diversos consolidan este papel relevante: el apasionamiento generalizado por la gesta campesina y la fuerza del proletariado, el enfrentamiento ideológico con el clero y el capital, y la preeminencia de lo visual en sociedades sin costumbre ni necesidad de la lectura.

El culto a la Historia

El énfasis sobre la Revolución Mexicana, que míticamente estalla el 20 de noviembre de 1910, despliega un horizonte de energía, la emergencia inesperada de voluntades populares y temperamentos de caudillos que trastoca el orden social, impone nuevos protagonistas y auspicia la transformación mental que rompe el aislamiento de la dictadura de Porfirio Díaz: enseña la condición mortal de (algunos) terratenientes y caciques, le reitera a la violencia su función de partera del adelanto, indica con severidad los límites y el costo de la violencia, y encumbra a grandes figuras de los márgenes, Emiliano Zapata (la justicia comunitaria), y Pancho Villa (la intuición genial del pueblo, el rencor social, el aura legendaria). La revolución produce una narrativa importante, envía a un gran número de intelectuales a las variedades del exilio, crea resistencias a lo popular y genera la ansiedad por la epopeya, lenguaje propio de las transformaciones nacionales. La idea de la épica como victoria sobre el tradicionalismo, que en el movimiento liberal cristaliza en México a través de los siglos, en bustos y estatuas, se vuelve con la Revolución, en el periodo 1917-1940, obligación de la memoria y de las transformaciones artísticas. Los muralistas quieren radicalizar con su obra a campesinos y obreros, y no lo consiguen, pero sí consolidan el entusiasmo por la primera revolución del siglo.

El culto a la historia no es para los muralistas el encumbramiento pomposo del pasado, sino la transfiguración del Juicio Final, de esa historia que distribuye perfectamente sus lugares a semejanza del reparto demográfico de Dios entre justos y pecadores. En el siglo XX mexicano la Revolución es la épica que oculta las fallas de la ética gubernamental, y ni siquiera la modernidad, proceso que se da a pausas, la desplaza antes de los años setenta. Si la modernidad está en todo y es el anhelo motriz, la revolución rige las transformaciones sucesivas como el espacio preferencial del país en lo económico, lo social, lo cultural.

Los temas: el anticlericalismo

El anticlericalismo tiene múltiples vertientes, pero una muy clara es la insurrección educativa: "Tenemos derecho a una enseñanza provechosa. Tenemos derecho a renunciar al catecismo. Tenemos derecho a no guiarnos por una visión atrasada y pedestre del mundo". Y el anticlericalismo es parte de un conjunto de tendencias y hechos: las migraciones de cientos de miles de personas, el redescubrimiento de la grandeza del arte indígena, totalmente oculto durante el Porfiriato: los mínimos espacios de tolerancia para conductas antes demonizadas (antes de la revolución no se puede hablar de adulterio, por ejemplo); la creencia en la Constitución de la República como ámbito utópico y fijación de conquistas colectivas.

La Revolución admite y fomenta la creencia: el arte debe reorientarse vertiéndose en el pueblo, y urge acercar a las masas al goce estético que es garantía de radicalización. Antes, se han vivido versiones restrictivas de la belleza, destinadas a una minoría ni siquiera preparada para disfrutarla. Y luego, por dos décadas, la gramática de los grandes cambios impone una convicción: sólo la épica, lo concebible épicamente, importa: sólo cuenta el instante en que un pueblo emerge a la superficie significativa. El pueblo allí estaba, pero la *superficie significativa* es cortesía de la revolución. Eso lo dice muy bien en 1913 el diputado Querido Moheno, partidario de la dictadura de Victoriano Huerta, al describir a los zapatistas como "la aparición del subsuelo".

La reverencia ante la épica explica el desdén por lo ajeno a su generosidad visual, lo no presente en el muro, la pintura de caballete, que durante el imperio del muralismo a muchos les resulta casi un modo de resignarse a la impotencia creativa.

"Tan no es un arte local..."

Con denuedo, desde la furia que afecta al arte sin tomarlo en cuenta, desde el espacio cultural, psicológico, mítico de Revolución Mexicana, se intenta contestar a interrogantes premiosas: ¿Qué tan singular puede ser el arte mexicano? ¿No es lo mexicano la aplicación bárbara de un gentilicio al impulso universal? ¿No se trata de un arte derivado y muy local, uno más de los premios de consolación del vasto sistema de reparación de daños de la marginalidad llamado nacionalismo? ¿No es lo metropolitano el único criterio en verdad funcional? Muchas de las obras más elogiadas del Virreinato a las primeras décadas del siglo XX suelen ser imitativas, rígidas, de valor sólo determinado por la falta de opciones. Esto sucede antes de la revaloración de la cerámica y la escultura indígenas y de la ubicación de figuras como Bustos y Posada.

A causa de su energía, y pese o gracias a la grandilocuencia de sus practicantes, el muralismo es de manera propositiva la primera gran reivindicación del arte hecho en México. Además de sus logros, el muralismo es fundamental en la difusión del "orgullo mexicano" tan sincero o tan insincero como se quiera, pero expresión en rigor del afán no de singularizar una colectividad, sino de –sin miradas paternalistas de por medio– añadir al panorama internacional el arte de México.

Artículo publicado en la revista *Historias* nº 13, 1986

Retrato de Diego

Frida Kahlo

Advierto que este retrato de Diego lo pintaré con colores que no conozco: las palabras, y, por esto, será pobre; además, quiero en tal forma a Diego que no puedo ser "espectadora" de su vida, sino parte, por lo que –quizá– exageraré lo positivo de su personalidad única tratando de desvanecer lo que, aun remotamente, puede herirlo. No será esto un relato biográfico: considero más sincero escribir solamente sobre el Diego que yo creo haber conocido un poco en estos veinte años que he vivido cerca de él. No hablaré de Diego como de "mi esposo", porque sería ridículo; Diego no ha sido jamás ni será "esposo" de nadie. Tampoco como de un amante, porque él abarca mucho más allá de las limitaciones sexuales, y, si hablara de él como de un hijo, no haría sino describir o pintar mi propia emoción, casi mi autorretrato, no el de Diego. Con esta advertencia, y con toda limpieza, trataré de decir la única verdad: la mía, que esboce, dentro de mi capacidad, su imagen.

Su FORMA: Con cabeza asiática sobre la que nace un pelo oscuro, tan delgado y fino que parece flotar en el aire, Diego es un niño grandote, inmenso, de cara amable y mirada un poco triste. Sus ojos saltones, oscuros, inteligentísimos y grandes, están difícilmente detenidos- casi fuera de las órbitas- por párpados hinchados y protuberantes como de batracio, muy separados uno del otro, más que otros ojos. Sirven para que su mirada abarque un campo visual mucho más amplio, como si estuvieran construidos especialmente para un pintor de los espacios y las multitudes. Entre esos ojos, tan distantes uno de otro, se adivina lo invisible de la sabiduría oriental, y muy pocas veces desaparece de su boca búdica, de labios carnosos, una sonrisa irónica y tierna, flor de su imagen.

Viéndolo desnudo, se piensa inmediatamente en un niño rana, parado sobre las patas de atrás. Su piel es blanco-verdosa, como de animal acuático. Solamente sus manos y su cara son más oscuras, porque el sol las quemó.

Sus hombros infantiles, angostos y redondos, se continúan sin ángulos en brazos femeninos, terminando en unas manos maravillosas, pequeñas y de fino dibujo, sensibles y sutiles como antenas que comunican con el universo entero. Es asombroso que esas manos hayan servido para pintar tanto y trabajen todavía infatigablemente.

De su pecho hay que decir que: si hubiera desembarcado en la isla que gobernaba Safo, no hubiera sido ejecutado por sus guerreras. La sensibilidad de sus maravillosos senos lo hubieran hecho admisible. Aunque su virilidad, específica y extraña, lo hace deseable también en dominios de emperatrices ávidas de amor masculino.

Su vientre, enorme, terso y tierno como una esfera, descansa sobre sus fuertes piernas, bellas como columnas, que rematan en grandes pies, los cuales se abren hacia fuera, en ángulo obtuso, como para abarcar toda la tierra y sostenerse sobre ella incontrastablemente, como un ser antediluviano, en el que emergiera, de la cintura para arriba, un ejemplar de humanidad futura, lejana de nosotros dos o tres mil años.

Duerme en posición fetal y durante su vigilia, se mueve con lentitud elegante, como si viviera dentro de un medio líquido. Para su sensibilidad, expresada en su movimiento, parece que el aire fuera más denso que el agua.

La forma de Diego es la de un monstruo entrañable, al cual la abuela, Antigua Ocultadora, la materia necesaria y eterna, la madre de los hombres, y todos los dioses que éstos inventaron en su delirio, originados por el miedo y el hambre, LA MUJER, entre todas ellas –YO– quisiera siempre tenerlo en brazos como a un niño recién nacido.

Su CONTENIDO: Diego está al margen de toda relación personal, limitada y precisa. Contradictoria como todo lo que mueve a la vida es, a la vez, caricia inmensa y descarga violenta de fuerzas poderosas y únicas. Se le vive dentro, como a la semilla que la tierra atesora, y fuera, como a los paisajes. Probablemente algunos esperan de mí un retrato de Diego muy personal, "femenino", anecdótico, divertido, lleno de quejas y hasta de cierta cantidad de chismes, de esos chismes "decentes", interpretables y aprovechables según la morbosidad de los lectores. Quizá esperen oír de mí lamentos de "lo mucho que se sufre" viviendo con un hombre como Diego. Pero yo no creo que las márgenes de un río sufran por dejarlo correr, ni la tierra sufra porque llueva, ni el átomo sufra descargando su energía... para mí, todo tiene una compensación natural. Dentro de mi papel, difícil y oscuro, de aliada de un ser extraordinario, tengo la recompensa que tiene un punto verde dentro de una cantidad de rojo: recompensa de *equilibrio*. Las penas o alegrías que norman la vida en esta sociedad, podrida de mentiras, en la que vivo, no son las mías. Si tengo prejuicios y me hieren las acciones de los demás, aun las de Diego Rivera, me hago responsable de mi incapacidad para ver con claridad, y, si no los tengo, debo admitir que es natural que los glóbulos rojos luchen contra los blancos sin el menor prejuicio y que ese fenómeno solamente signifique salud.

No seré yo quien desvalorice la fantástica personalidad de Diego, al que respeto profundamente, diciendo sobre su vida estupideces. Quisiera, por el contrario, expresar como se merece, con la poesía que no poseo, lo que Diego es en realidad.

De su pintura habla ya –prodigiosamente– su pintura misma.

De su función como organismo humano se encargarán los hombres de ciencia. De su valiosa cooperación social revolucionaria, su obra objetiva y personal, todos aquellos que sepan medir su trascendencia incalculable en el tiempo; pero yo, que le he visto vivir veinte años, no tengo medios para organizar y describir las imágenes vivas que, aunque fuera débilmente, pero con hondura, dibujaran siquiera lo más elemental de su figura. Desde mi torpeza, saldrán solamente unas cuantas opiniones y serán el único material que pueda ofrecer.

Las raíces profundas, las influencias externas y las verdaderas causas que condicionan la personalidad inigualable de Diego son tan vastas y complejas que mis observaciones serán pequeños brotes en las múltiples ramas del árbol gigantesco que es Diego.

Son tres las direcciones o líneas principales que yo considero básicas en su retrato: la primera, la de ser un luchador revolucionario constante, dinámico, extraordinariamente sensible y vital; trabajador infatigable en su oficio, que conoce como pocos pintores en el mundo; entusiasta fantástico de la vida y, a la vez, descontento siempre de no haber logrado saber más, construir más y pintar más. La segunda: la de ser un curioso eterno, investigador incansable de todo. Y la tercera: su carencia absoluta de prejuicios y, por tanto, de fe, porque Diego acepta –como Montaigne– que "allí donde termina la duda comienza la estupidez", y, aquel que tiene fe en algo admite la sumisión incondicional, sin libertad de analizar o de variar el curso de los hechos. Por este clarísimo concepto de la realidad, Diego es rebelde y, conociendo maravillosamente la dialéctica materialista de la vida, Diego es revolucionario. De este triángulo, sobre el que se elaboran las demás modalidades de Diego, se desprende una especie de atmósfera que envuelve el total. Esta atmósfera móvil es el amor, pero el amor como estructura general, como movimiento constructor de belleza. Yo me imagino que el mundo que él quisiera vivir sería una gran fiesta en la que todos y cada uno de los seres tomaran parte, desde los hombres hasta las piedras, los soles y las sombras: todos cooperando con su propia belleza y su poder creador. Una fiesta de la forma, del color, del movimiento, del sonido, de la inteligencia, del conocimiento, de la emoción. Una fiesta esférica, inteligente y amorosa, que cubriera la superficie entera de la tierra. Para hacer esa fiesta, lucha continuamente y ofrece todo cuanto tiene: su genio, su imaginación, sus palabras y sus acciones. Lucha, cada instante, por borrar en el hombre el miedo y la estupidez.

Por su deseo profundo de ayudar a transformar la sociedad en que vive en una más bella, más sana, menos dolorosa y más inteligente, y por poner al servicio de esa Revolución Social, ineludible y positiva, toda su fuerza creadora, su genio constructor, su sensibilidad penetrante y su trabajo constante, a Diego se le ataca continuamente. Durante estos veinte años lo he visto luchar contra el complicadísimo engranaje de las fuerzas negativas contrarias a su empuje de libertad y transformación. Vive en un mundo hostil porque el enemigo es mayoría, pero esto no lo acobarda, y, mientras viva, saldrán siempre de sus manos, de sus labios y de todo su ser alientos nuevos, vivos, valientes y profundos de combate.

Como Diego, han luchado ya todos los que trajeron a la tierra una luz; como ellos, Diego no tiene "amigos", sino aliados. Los que emergen de sí mismos son magníficos; su inteligencia brillante, su conocimiento profundo y claro del material humano dentro del que trabaja, su experiencia sólida, su gran cultura no de libros, sino inductiva y deductiva; su genio y su deseo de construir, con cimientos de realidad, un mundo limpio de cobardía y de mentira. En la sociedad en que vive, somos sus aliados todos los que, como él, nos damos cuenta de la necesidad imperativa de destruir las bases falsas del mundo actual.

Contra los ataques cobardes que se le hacen, Diego reacciona siempre con firmeza y con un gran sentido del humor. Nunca transige ni cede: se enfrenta abiertamente a sus enemigos, solapados la mayoría y valerosos algunos, contando siempre con la realidad, nunca con elementos de "ilusión" o de "ideal". Esta intransigencia y rebeldía son fundamentales en Diego; complementan su retrato.

Entre las muchas cosas que se dicen de Diego, éstas son las más comunes: le llaman mitómano, buscador de publicidad y, la más ridícula, millonario. Su pretendida mitomanía está en relación directa con su tremenda imaginación, es decir, es tan mentiroso como los poetas o como los niños a los que todavía no han idiotizado la escuela o sus mamás. Yo le he oído decir toda clase de mentiras: desde las más inocentes, hasta las historias más complicadas de personajes a quienes su imaginación combina en situaciones y procederes fantásticos, siempre con gran sentido de humor y crítica maravillosa; pero nunca le he oído decir una sola mentira estúpida o banal. Mintiendo, o jugando a mentir, desenmascara a muchos, aprende el mecanismo interior de otros, mucho más ingenuamente mentirosos que él, y lo más curioso de las supuestas mentiras de Diego es que, a la larga o a la corta, los involucrados en la combinación imaginaria se enojan, no por la mentira, sino por la verdad contenida en la mentira, que siempre sale a flote. Es entonces cuando se "alborota el gallinero", pues se ven descubiertos en el terreno en que precisamente se creían protegidos. Lo que en realidad sucede es que Diego es de los muy pocos que se atreven a atacar por la base, de frente y sin miedo, a la estructura llamada MORAL de la hipócrita sociedad en que vivimos, y, como la verdad no peca pero incomoda, aquellos que se ven descubiertos en sus más recónditos móviles secretos no pueden sino llamar a Diego mentiroso, o, cuando menos, exagerado.

Dicen que busca publicidad. Yo he observado que más bien tratan de hacerla los otros con él, para sus propios intereses, sólo que lo hacen con métodos jesuitas mal aplicados, porque generalmente les sale "el tiro por la culata". Diego no necesita publicidad, y mucho menos la que en su propio país se le obsequia. Su trabajo habla por sí mismo. No solamente por lo que ha hecho en la tierra de México, donde desvergonzadamente se le insulta más que en ninguna otra parte, sino en todos los países civilizados del mundo, en los que se le reconoce como uno de los hombres más importantes y geniales en el campo de la cultura. Es increíble, por cierto, que los insultos más bajos, más cobardes y más estúpidos en contra de Diego hayan sido vomitados en su propia casa: México. Por medio de la prensa, por medio de actos bárbaros y vandálicos con los que han tratado de destruir su obra, usando desde las inocentes sombrillas de las señoras "decentes", que rayan sus pinturas hipócritamente, y, como de pasada, hasta ácidos y cuchillos de comedor, no olvidando el salivazo común y corriente, digno de los poseedores de tanta saliva como poco seso; por medio de letreros en las paredes de las calles en las que se escriben palabras nada adecuadas para un pueblo tan católico; por medio de grupos de jóvenes "bien educados" que apedrean su casa y su estudio destruyendo insustituibles obras de arte mexicano precortesiano –que forman parte de las colecciones de Diego–, los que después de hacer su "gracia" echan a correr; por medio de cartas anónimas (es inútil hablar del valor de sus remitentes) o por medio del silencio, neutral y pilatesco, de personas en el poder, encargadas de cuidar o impartir cultura para el buen nombre del país, no dándole "ninguna importancia" a tales ataques contra la obra de un hombre que con todo su genio, su esfuerzo creador, único, trata de defender, no sólo para él, sino para todos, la libertad de expresión.

Todas estas maniobras a la sombra y a la luz se hacen en nombre de la democracia, de la moralidad y de ¡Viva México! –también se usa, a veces, ¡Viva Cristo Rey!–. Toda esta publicidad que Diego no busca, ni necesita, prueba dos cosas: que el trabajo, la obra entera, la indiscutible personalidad de Diego son de tal importancia que tienen que tomarse en cuenta por aquellos a quienes él echa en cara su hipocresía y sus planes arribistas y desvergonzados; y el estado deplorable y débil de un país –semicolonial– que permite que sucedan en 1949 cosas que solamente podrían acontecer en plena Edad Media, en la época de la Santa Inquisición o mientras imperó Hitler en el mundo.

Para reconocer al hombre, al maravilloso pintor, al luchador valiente y al revolucionario íntegro, esperan su muerte. Mientras viva habrá muchos "machos", de esos que han recibido su educación en el "paquín", que seguirán apedreando su casa, insultándolo anónimamente o por medio de la prensa de su propio país, y otros, todavía más "machos", *pico de cera*, que se lavarán las manos y pasarán a la historia envueltos en la bandera de la prudencia.

Y le llaman millonario... La única verdad en esto de los millones de Diego es ésta: siendo artesano, y no proletario, posee sus útiles de producción –es decir, de trabajo–, una casa en la que vive, trapos que echarse encima y una camioneta desvencijada que le sirve como a los sastres las tijeras. Su tesoro es una colección de obras escultóricas maravillosas, joyas del arte indígena, corazón vivo del México verdadero, que con indecibles sacrificios económicos ha logrado reunir en más de treinta años para colocarla en un museo que está construyendo desde hace siete. Esta obra la ha levantado con su propio esfuerzo creador y con su propio esfuerzo económico, es decir, con su talento maravilloso y con lo que le pagan por sus pinturas; la donará a su país, legando a México la fuente más prodigiosa de belleza que haya existido, regalo para los ojos de los mexicanos que los tengan y admiración incalculable para los de afuera. Excepto esto, económicamente no tiene nada; no posee otra cosa que su fuerza de trabajo. El año pasado no tenía dinero suficiente para salir del hospital, después de sufrir una pulmonía. Todavía convaleciente, se puso a pintar para sacar los gastos de la vida diaria y los salarios de los obreros que, como en los gremios del Renacimiento, cooperan con él para construir la obra maravillosa del Pedregal.

Pero a Diego los insultos y los ataques no lo cambian. Forman parte de los fenómenos sociales de un mundo en decadencia y nada más. La vida entera le sigue interesando y maravillando, por cambiante, y todo le sorprende por bello, pero nada le *decepciona* ni le acobarda porque conoce el mecanismo dialéctico de los fenómenos y de los hechos.

Observador agudísimo, ha logrado una experiencia que, unida a su conocimiento –podría yo decir, interno, de las cosas– y a su intensa cultura, le permite desentrañar las causas. Como los cirujanos, abre para ver, para descubrir lo más hondo y escondido y lograr algo cierto, positivo, que mejore las circunstancias y el funcionamiento de los organismos. Por eso Diego no es ni derrotista ni triste. Es, fundamentalmente, constructor, y, sobre todo, arquitecto. Es arquitecto en su pintura, en su proceso de pensar y en el deseo apasionado de estructurar una sociedad anónima, funcional y sólida. Compone siempre con elementos precisos, matemáticos. No importa si su composición es un cuadro, una casa o un argumento. Sus cimientos son siempre la realidad. La poesía que sus obras contienen es la de los números, la de las fuentes vivas de la historia. Sus leyes, las leyes físicas y firmes que rigen la vida entera de los átomos a los soles. Prueba magnífica de su genio de arquitecto son sus murales que se ligan, viven, con la construcción misma del edificio que los contiene, con la función material y organizada de ellos.

La obra estupenda que está construyendo en el pueblo de San Pablo Tepetlapa, a la que él llama el *anahuacalli* (casa de Anáhuac), destinada a guardar su inigualable colección de escultura antigua mexicana, es un enlace de formas antiguas y nuevas, creación magnífica que hará perdurar y revivir la arquitectura in comparable de la tierra de México. Crece en el paisaje increíblemente bello del Pedregal como una enorme cactácea que mira al Ajusco, sobria y elegante, fuerte y fina, antigua y perenne; grita, con voces de siglos y de días, desde sus entrañas de piedra volcánica: ¡México está vivo! Como la Coatlicue, contiene la vida y la muerte; como el terreno magnífico en que está erigida, se abraza a la tierra con la firmeza de una planta viva y permanente.

Trabajando siempre, Diego no vive una vida que pudiera llamarse normal. Su capacidad de energía rompe los relojes y los calendarios. Materialmente, le falta tiempo para luchar, sin descanso, proyectando y realizando constantemente su obra. Genera y recoge ondas difíciles de comparar a otras, y el resultado de su mecanismo receptor y creador, siendo tan vasto y tan inmenso, jamás lo satisface. Las imágenes y las ideas fluyen en su cerebro con un ritmo diferente a lo común y por esto su intensidad de fijación y su deseo de hacer siempre más son incontenibles. Este mecanismo lo hace indeciso. Su indecisión es superficial, porque, finalmente, logra hacer lo que le da la gana con una voluntad segura y planeada. Nada pinta mejor esta modalidad de su carácter que aquello que una vez me contó su tía Cesarita, hermana de su madre. Recordaba que, siendo Diego muy niño, entró en una tienda, de esos tendajones mixtos llenos de magia y de sorpresa que todos recordamos con cariño, y, parado frente al mostrador, con unos centavos en la mano miraba y repasaba todo el universo contenido dentro de la tienda, mientras gritaba desesperado y furioso: ¡Qué quiero! La tienda se llamaba "El Porvenir", y esta indecisión de Diego ha durado toda la vida. Pero aunque pocas veces se decide a escoger, lleva dentro una línea-*vector* que va directamente al centro de su voluntad y su deseo.

Siendo el eterno curioso, es, a la vez, el eterno conversador. Puede pintar horas y días sin descansar, charlando mientras trabaja. Habla y discute de todo, absolutamente de todo, gozando, como Walt Whitman, con todos los que quieran oírlo. Su conversación siempre interesa. Tiene frases que asombran, que a veces hieren; otras conmueven pero jamás deja al que oye con la impresión de inutilidad o de vacío. Sus palabras inquietan tremendamente por vivas y ciertas. La crudeza de sus conceptos enerva o descontrola al que lo escucha porque ninguno de éstos comulga con las normas de conducta ya establecidas; rompen siempre la corteza para dejar nacer brotes; hieren para dejar crecer nuevas células. A algunos, a los más fuertes, la conversación y el contenido de verdad de Diego les parece monstruoso, sádico, cruel; a otros, los más débiles, los anula y los anonada y la defensa de éstos consiste en llamarlo mentiroso y fantástico. Pero todos tratan de defenderse de una manera muy semejante a como se defienden contra la vacuna los que por primera vez en su vida van a ser vacunados. Invocan a la esperanza o a algo que los libre del peligro de la verdad. Pero Diego está desprovisto de fe, de esperanza y caridad. Es por naturaleza extraordinariamente inteligente y no admite fantasmas. Tenaz en sus opiniones, nunca cede, y defrauda a todos los que se escudan en la creencia o en la falsa bondad. De aquí que le llamen amoral y –realmente– no tiene nada que ver con los que admiten las leyes o normas de la moral.

En medio del tormento que para él son el reloj y el calendario, trata de hacer y dejar hacer lo que él considera justo en la vida: trabajar y crear. Le da beligerancia a todas las otras direcciones, es decir, nunca menosprecia el valor de los demás, pero defiende el propio, porque sabe que éste significa ritmo y relación de proporciones con el mundo de la realidad. A cambio de placer, da placer; a cambio de esfuerzo, da esfuerzo. Estando más capacitado que los otros, da mucha mayor cantidad y calidad de sensibilidad pidiendo solamente entendimiento. Muchas veces ni esto consigue, pero no por esto se somete ni se rinde. Muchos de los conflictos que su personalidad superior causa en la vida diaria provienen de ese descontrol natural que provocan sus conceptos revolucionarios en relación a los ya sometidos a un rigor y a una norma. Los problemas que se pudieran llamar de hogar, que varias mujeres hemos tenido cerca de Diego, consisten en lo mismo. Diego tiene una profunda conciencia de clase y del papel que las otras clases sociales tienen en el funcionamiento general del mundo. De las personas que hemos vivido cerca de él, unas queremos ser aliadas de la causa por la que él trabaja y pelea, y otras no. De aquí se origina una serie de conflictos en los que él se ve mezclado, pero de los que no es responsable, puesto que su posición es clara y transparente. Su unidad humana, sin prejuicios, ya sea por genio, por educación o por transformación, no es responsable de la incapacidad de los demás, ni de las consecuencias que ésta aporte a la vida social. El trabaja para que todas las fuerzas se aprovechen y se organicen con una mayor armonía.

¿Con qué armas se puede luchar a favor o en contra de un ser que está más cerca de la realidad, más dentro de la verdad, si estas armas son morales, es decir, normadas según las conveniencias de determinada persona o sector humano? Naturalmente tienen que ser amorales, rebeldes a lo ya establecido o admitido como bueno o malo. Yo –con la plenitud de mi responsabilidad– estimo que no puedo estar en contra de Diego, y, si no soy una de sus mejores aliadas, quisiera serlo. De mi actitud en este ensayo de retrato pueden deducirse muchas cosas, depende de quienes las deduzcan; pero mi verdad, la única que puedo dar acerca de Diego está aquí. Limpia, inmedible en sincerómetros, que no existen, sino con la convicción de lo que respecta a mí misma, mi propia experiencia.

Ningunas palabras describirán la inmensa ternura de Diego por las cosas que tienen belleza; su cariño por los seres que no tienen que ver en la presente sociedad de clases; o su respeto por los que están oprimidos por la misma. Tiene especial adoración por los indios a quienes lo liga su sangre; los quiere entrañablemente por su elegancia, por su belleza y por ser la flor viva de la tradición cultural de América. Quiere a los niños, a todos los animales, con predilección a los perros pelones mexicanos y a los pájaros, a las plantas y a las piedras. Ama a todos los seres sin ser dócil ni neutral. Es muy cariñoso pero nunca se entrega; por esto, y porque apenas tiene tiempo para dedicarse a las relaciones personales, le llaman ingrato. Es respetuoso y fino y nada le violenta más que la falta de respeto de los demás y el abuso. No soporta el truco o el engaño solapado; lo que en México se llama "tomadura de pelo". Prefiere tener enemigos inteligentes que aliados estúpidos. De temperamento es más bien alegre, pero le irrita enormemente que le quiten el tiempo en el trabajo. Su diversión es el trabajo mismo; odia las reuniones sociales y le maravillan las fiestas verdaderamente populares. A veces es tímido, y, así como le fascina conversar y discutir con todos, le encanta a veces estar absolutamente solo. Nunca se aburre porque todo le interesa; estudiando, analizando y profundizando en todas las manifestaciones de la vida. No es sentimental pero sí intensamente emotivo y apasionado. Le desespera la inercia porque él es una corriente continua, viva y potente. De buen gusto extraordinario, admira y aprecia todo lo que contiene belleza, lo mismo si vibra en una mujer o en una montaña. Perfectamente equilibrado en todas sus emociones, sus sensaciones y sus hechos, a los que mueve la dialéctica materialista, precisa y real, nunca se entrega. Como los cactus de su tierra, crece fuerte y asombroso, lo mismo en la arena que en la piedra; florece con el rojo más vivo, el blanco más transparente y el amarillo solar; revestido de espinas, resguarda dentro su ternura; vive con su savia fuerte dentro de un medio feroz; ilumina solitario como sol vengador del gris de la piedra; sus raíces viven a pesar de que lo arranquen de la tierra, sobrepasando la angustia de la soledad y de la tristeza y de todas las debilidades que a otros seres doblegan. Se levanta con sorprendente fuerza y, como ninguna otra planta, florece y da frutos.

Escrito probablemente a principios de los años 1950
Extraído de *Ahí les dejo mi retrato. Frida Kahlo*,
edición de Raquel Tibol, Editorial Lumen, Barcelona, 2005.

Del arte

Diego Rivera

Individualmente, el arte es una función orgánica que se puede canalizar, intensificar, especializar, destruir o atrofiar por medio de la técnica.

El arte es útil y necesario a la vida humana al mismo título que el pan, la carne, los frutos, el agua y el aire, porque determinadas secreciones glandulares se producen bajo la excitación externo-interna que se ha convenido en llamar "emociones estéticas", y sólo esta excitación es capaz de producir aquellas secreciones que son tan necesarias como las funciones digestivas y sexuales, a las cuales, invariablemente, acompaña la emoción estética, sea ella de atracción, en sentido positivo, o de repulsión, en sentido negativo.

Todo individuo, grupo, casta o clase que ejerce el poder en la sociedad humana trata de apoderarse, y si consolida su poder se apodera del control de la producción de arte, el cual necesita ejercer para que su poder no sea minado, combatido y destruido por el libre ejercicio de la sensibilidad, la imaginación y los deseos y derechos, al cumplimiento libre de las funciones orgánicas, de los sometidos al poder. Para lo cual el arte es uno de los más eficaces agentes subversivos.

En la contrapartida dialéctica, los individuos, grupos, castas o clases en rebelión contra los que ejercen el poder sobre ellos para explotarlos, tratan siempre de usar, y si pueden usan, el arte, aprovechando su inherente poder subversivo en la lucha contra los poderes explotadores.

Por estas razones, el arte tiene en las diferentes épocas de la historia, desde que la sociedad se organizó en clases divididas entre sí, un carácter superpuesto por el que ejerce el poder. La lucha entre el potencial inherente libertario del arte y la imposición del estilo que ejerce sobre él la superestructura social, da por resultado el valor estético de la obra de arte, o sea, el coeficiente de la potencialidad vital, nutridora y libertadora, por medio del placer que produce, en el mismo plano que produce placer la función nutridora digestiva y sexual.

En consecuencia, el arte en rebeldía tiene que tener, para prevalecer dentro de la sociedad cuyo régimen combate, una dosis de fuerza vital mucho mayor que la del arte sometido y, por esto, todo arte rebelde a la imposición de la superestructura social que corona a la estrata superior explotadora, tiene necesariamente mayor calidad estética. Por eso es siempre superior el arte revolucionario.

No existe arte apolítico, menos todavía "arte puro", éste es el más político de todas las artes. El artista que lo ejerce es un hábil político que no toma posición para asegurar ser neutral con objeto de poder ser adquirido por todos los contendientes, sin inconveniente. También puede servir de instrumento vil con un "*camouflage*" distinguido a la clase que ejerce el poder.

Tal sucede actualmente en los Estados Unidos. La boga del llamado "arte abstracto" proviene de que a pesar de la inversión de ocho millones de dólares por el Gobierno de Roosevelt para pintura mural a la que, por medio de la censura del Post Master General, los School Directors, los Art Patrons, University Teachers, etc., el buen vecino Roosevelt se lavaba las manos para dejar a la burguesía y pequeña burguesía el control de la producción de arte. Este ensayo de capitalización y corrupción del movimiento muralista revolucionario americano, iniciado en México, fracasó, no por falta de talento de los pintores americanos, sino por sobra de energía vital subversiva en ellos. Entonces, patrones y patronesas de arte, funcionarios públicos, legisladores, gente del aparato educacional, profesores de arte, directores de museos y todos los demás agentes de hecho de la burguesía en el poder y su policía, contando entre estos a los críticos de arte y tratantes de él, se movilizaron contra el movimiento, eco del nuestro, al que llamaron '*mexican disease*'. Impotente la burguesía para imponer a los artistas un contenido en sus obras que fuera favorable a sus intereses, decidió "convencerlos" por medio de las adquisiciones. Para esto se establecieron, por las familias millonarias imperialistas, enriquecidas con el azúcar cubano y otros productos expoliados a Indoamérica, museos que elevaron al rango de "piezas de museo" a los pintores abstractos. Como es ley, y ley de hierro, que la demanda crea la oferta, de la noche a la mañana pulularon los convertidos al arte abstracto y puro. Todos los *dealers* lo compraron y lo vendieron y un nuevo pontífice de la crítica de arte capitalista y de la dirección de museos declaró concluida la influencia de los pintores mexicanos y realizada, por fin, la aparición de pintores "*100% american*" que eran los abstractos, realmente sincronizada la necesidad de la burguesía americana de neutralizar el arte en su contenido al menos, ya que le había sido imposible el que le convenía.

Todo arte es propaganda: el maravilloso de las cavernas para la caza de animales que habían de proporcionar alimento con su carne, vestidos con su piel, útiles de trabajo y ornato con sus huesos, al individuo y a la colectividad. Propaganda para ir al templo, someterse a los sacerdotes, temer a los dioses y pagar tributo a los jefes y reyes, sus delegados, en todo el paganismo de los cuatro continentes. Eso fue el arte religioso. Es decir, útil usado por la clase en el poder para la explotación de los sometidos. Nada cambió con el arte religioso de la Edad Media, renacentista y moderno. Su Cristo dijo "Dad a Dios lo que es de Dios y al César lo que es del César". Con el amor, la creencia, el respeto, la veneración y la fe, los idiotas productores cristianos del campo y de la ciudad dan a Dios, por intermedio de Papas católicos, ministros protestas y ortodoxos, además de su "tributo espiritual", los dineros de San Pablo y de todas las iglesias, ya que, quienes de la iglesia viven, de la iglesia comen. Con todas las demás religiones acontece semejante fenómeno respecto al arte.

Como al César, sea éste *Duce*, Rey o Presidente de la República, hay que darle el dinero para el funcionamiento del Estado, sueldos de los altos funcionarios, con residencias, queridas y propiedades, el arte civil ayuda a que los idiotas productores del campo y la ciudad, buenos ciudadanos, paguen al César lo que es del César.

Todo arte es propaganda, hasta los buenos paisajes, naturalezas muertas y "vistas" de los canales de Venecia a la luz de la luna. Los paisajes de Velasco o de los grandes impresionistas son propaganda para el gozo pleno de la tierra, la luz y el espacio universal por el hombre libre y dueño de sí mismo; son subversivamente revolucionarios. Las buenas naturalezas muertas son propaganda en pro de los frutos, el pan y las carnes que se comen, el vino que se bebe y las flores que encantan al verlas y dan placer al olerías, y los canales de Venecia en claro de luna, con gondoleros que transportan amantes en sus góndolas, como las vírgenes, las "Purísimas" mórbidas, los ángeles de bellas piernas, son excelente propaganda para que no se detenga la función de la reproducción, ni falte clientela a las casa *non sanctas*.

> Publicado en el catálogo de la exposición *45 Autorretratos de Pintores Mexicanos. Siglos XVIII al XX*, presentada por el Instituto Nacional de Bellas Artes en septiembre de 1947.

Rivera, de Europa al muralismo

Octavio Paz

El muralismo mexicano –con la notable excepción de Rivera– está más cerca del expresionismo que del fauvismo. Por sus gustos, su sensibilidad y su sentido de la forma, Rivera es un pintor muy distinto a sus dos compañeros y rivales. Si todavía fuese válida la oposición entre artista romántico y clásico, es claro que Orozco y Siqueiros serían románticos y Rivera clásico. Lo es, sobre todo, por la superioridad de su dibujo y por su sentido de la composición. Su color nunca es agrio y su línea, a veces, demasiado plácida, jamás se tuerce ni retuerce. Ni la tortura ni la contorsión, los dos polos de Orozco y Siqueiros como dibujantes. Hay, además, un rasgo que lo separa radicalmente de sus compañeros y por el que se hace perdonar muchos kilómetros de pintura plana y monótona: su amor a la naturaleza y su amor a la forma femenina. Árboles entrelazados, flores húmedas y mujeres que tienen también algo de plantas. No pintura materialista sino pintura animista.

El mundo de Orozco y Siqueiros es otro. Sus deformaciones de la figura humana están muy lejos de la sensualidad *fauviste*; como en los expresionistas nórdicos, esas deformaciones tienen no sólo un sentido estético sino moral. En unos y otros la imagen pictórica –intensa, brutal, desgarrada– más que una visión del horror del mundo es un juicio y una condena. Arte crítico, arte de negación y de sarcasmo. Aquí aparece la primera diferencia: el expresionismo europeo y el muralismo mexicano son visiones subjetivas de la realidad pero el subjetivismo de los europeos es sobre todo un *affaire* de sensibilidad mientras que el de los mexicanos no es sólo emocional y psicológico sino ideológico (moral en el caso de Orozco).

[…] Diego no tuvo el *pathos* y la furia de Orozco pero no fue un pintor frío: fue un pintor sensual, enamorado de este mundo y de sus formas y colores. Por esto pensé en el fauvismo al hablar de su amor a la naturaleza y a la mujer. ¿Cómo olvidar la terrestre hermosura de los desnudos de Chapingo? Pero también fue un pintor frío: el Diego Rivera didáctico, discursivo, prolijo.

El fauvismo [que atribuyo a Rivera], entendido como sensualidad y color violento, me parece útil para destacar el sitio único de Diego Rivera y su pintura. Pero admito que el término no le conviene sino parcialmente. Su evolución fue muy compleja y en ella se reflejan los cambios de la pintura universal entre 1900 y 1920.

[…]

Hay dos familias de artistas: los que se definen por sus negaciones y sus exclusiones y los que aspiran a integrar en su obra diversas maneras y estilos. Diego pertenece a la segunda familia.

[1900-1920…] Estos años son los de su formación y son la clave de su evolución. En los últimos años la crítica ha comenzado a interesarse en los años de Madrid y París. Ramón Favela ha publicado un ensayo excelente sobre el tema.* Favela señala que Rivera regresa a México cuando tenía ya treinta y cuatro años. Era un hombre hecho y derecho, un artista formado. Había pasado catorce años en Europa. Ignorar esos años decisivos ha sido un error de la crítica.

[No olvidemos tampoco que Diego fue un artista precoz, que] entró en la Academia de San Carlos a los doce años. Allí estudió con artistas académicos de distinción como Rebull, Parra, Fabrés y el gran Velasco. A los veinte años, en 1907, becado por el gobierno de Porfirio Díaz, se trasladó a Madrid y estudió con otro pintor de nota: el realista académico Eduardo Chicharro. Su pintura oscilaba entonces entre el simbolismo en boga en México y el realismo tradicional español. Madrid, a la inversa de Barcelona, había sido insensible a los distintos movimientos que sacudían a París y a Europa desde fines del siglo pasado. Aunque los años de Madrid la dieron una técnica sólida, no le abrieron nuevas vías.

* *Diego Rivera, The Cubist Years*, Phoenix Art Museum, 1984.

[Tal vez por eso, en 1909, deja Madrid] y se instala en París. Pero sigue a la zaga y cultiva, tardíamente, un impresionismo derivado de Monet. En 1910 recaída en Zuloaga. Después, un salto: a través de Signac y el puntillismo, conoce la obra y la estética de Seurat.

Casi al mismo tiempo y en dirección contraria, sufre la influencia de Derain, el *fauve*. Según Rivera, en esta época descubrió a Cézanne, cuyo ejemplo no lo abandonaría a lo largo de toda su carrera. Pero Favela ha mostrado que la pintura de Diego estaba muy lejos de la estética de Cézanne. En realidad, a imitación de su amigo Ángel Zárraga, se inspira en El Greco. A esta influencia se unió, dice Favela, la de ciertas telas precubistas pintadas por Braque hacia 1907 y 1908. El resultado de esta doble y divergente seducción fue una obra memorable, su primer gran cuadro: *La adoración de la Virgen* (1913). En seguida da otro salto, ahora más tímido, hacia un "simultaneísmo" mundano: el retrato de Best Maugard, en el que las dinámicas ruedas mecánicas de Delaunay se vuelven decoraciones de teatro. Amistad con Modigliani, que pintó un maravilloso retrato de su amigo mexicano.

En 1914 conoce a Juan Gris. [...] aunque Diego abrazó el cubismo sólo por unos años. Llegó tarde a este movimiento. Entre 1914 y 1917 Diego pintó telas notables. Su composición era impersonal, defecto que no es tan grave pues el cubismo, por sus ambiciones clasicistas, fue una escuela de impersonalidad. El color era vivo y fuerte; es probable que los cubistas ortodoxos hayan encontrado decorativas esas coloridas composiciones. En ese mismo año de 1914 se celebró la primera y única exposición individual de Diego en París, en la diminuta galería de Bertha Weill, antigua amiga de Picasso, pero que había reñido con él. [...] La verdad es que su pintura, aunque no carente de interés y mérito, no podía interesar demasiado: no abría nuevos caminos. Rivera era un seguidor tardío del cubismo.

[En 1918] es indudable que Diego no dejó el cubismo por la pintura social; tampoco se aventuró por nuevos territorios: regresó a Cézanne. De ahí su insistencia en afirmar, una y otra vez, que había descubierto a Cézanne en 1910; así quería demostrar que su evolución había sido semejante a la de los grandes cubistas: Picasso, Braque, Gris. El regreso a Cézanne, en 1917, después de la experiencia cubista, es otra prueba del tradicionalismo de Diego.

[Abandonó el cubismo] pero no para abrazar el todavía inexistente "realismo socialista". Es una tontería decir que dejó el cubismo impulsado por sus convicciones revolucionarias. Es imposible encontrar, en el Rivera de esos años, huellas de preocupaciones políticas revolucionarias. Había llegado a Europa en 1907, becado por un prohombre del antiguo régimen, Teodoro Dehesa, gobernador de Veracruz; en 1910 regresa por unos meses a México y precisamente el 20 de noviembre, es decir, el día en que comenzó la Revolución mexicana, Rivera expone sus obras en la Academia de San Carlos. No parece que el pintor se haya dado cuenta de que se iniciaban graves trastornos sociales: su exposición fue inaugurada por doña Carmen Romero Rubio, la esposa de Porfirio Díaz. Casi todos los cuadros fueron vendidos y Rivera regresó inmediatamente a París, probablemente con la misma pensión del gobierno de Veracruz.

Como todos los otros mexicanos residentes en Europa, Diego habrá seguido con emoción y angustia los sucesos de México pero sin mostrar ninguna inclinación política y social definida. En 1914, cuando estalló la guerra, pensó por un momento alistarse como voluntario en el ejército francés: ¡extraña decisión para un revolucionario! Tampoco, durante el primer año de su regreso a México, mostró tendencias ideológicas afines al marxismo. Su primer mural, *La Creación* (1923), en el Anfiteatro Simón Bolívar, es una composición alegórica con motivos mitológicos y religiosos. Asimismo, sus primeros frescos en la Secretaría de Educación Pública (1923) no revelan una tendencia ideológica. Sólo en 1924, en el mismo edificio, comienza a pintar temas revolucionarios.

[En 1920] comisionado por la Universidad de México, es decir, por José Vasconcelos, que era entonces el rector, Diego viaja a Italia donde se enfrenta con los mosaicos bizantinos de Ravena, medita en la lección del *Quattrocento* y estudia a los maestros de Siena. Al año siguiente, llamado por el gobierno, regresa a México... Creo que esta atropellada relación da una idea de su compleja evolución.

[Volvamos ahora al muralismo] Tal vez no sea ocioso recordar que José Vasconcelos fue el iniciador del movimiento muralista. Era ministro de Educación Pública del régimen de Álvaro Obregón y en 1921 decidió encargar a los pintores más conocidos en esos días la decoración mural de varios edificios públicos. Ministro de una revolución triunfante, soñaba con el renacer de nuestro pueblo y de nuestra cultura. Probablemente es más exacto hablar de fundación que de renacimiento; aunque la base de la construcción histórica que soñaba era nuestro pasado indoespañol, el Vasconcelos de esos años estaba poseído por un ideal que no es exagerado llamar cósmico. Sus modelos eran no los imperios mundiales del pasado sino las grandes construcciones religiosas, y sus héroes se llamaban Cristo, Buda, Quetzalcóatl. Su llamamiento a los pintores correspondía a la visión de un arte orgánico, por decirlo así, que fuese la natural expresión de la nueva sociedad universal que comenzaba en México y que se extendería a toda la América hispana y lusitana. En su decisión influyó sin duda el antecedente del *Quattrocento* y, sobre todo, el del arte bizantino. Su visita a Santa Sofía lo movió a escribir páginas exaltadas y luminosas. También debe de haber pesado en su ánimo el ejemplo de los conventos de Nueva España, muchos de ellos decorados con pinturas murales. Idea admirable aunque puede dudarse de su tino: ¿por qué entregar los muros de San Ildefonso y de San Pedro y San Pablo, monumentos de nuestro pasado, a la furia creadora pero irreverente de unos artistas jóvenes? Quizá porque no había otros edificios disponibles. Sin embargo, por encima de esta incongruencia estética, Vasconcelos nos legó una lección ética y política: dejó en libertad a los artistas a sabiendas de que sus ideas eran muy distintas a las suyas.

Las primeras pinturas murales son las de San Ildefonso y fueron pintadas a la encáustica por Fernando Leal, Fermín Revueltas, David Alfaro Siqueiros y Diego Rivera.

[Del muralismo] es difícil dar un juicio de conjunto. Orozco, Rivera y Siqueirros fueron muy distintos. Cada uno de ellos fue una poderosa personalidad y no es posible juzgar con el mismo criterio al anárquico Orozco y a dos artistas ideológicos como Rivera y Siqueiros. En general, puede decirse que la pintura mural mexicana me impresiona por su vigor. Además ¡la cantidad! Es imposible permanecer indiferente frente a tantos kilómetros de pintura, algunos abominables y otros admirables. Es una pintura que con frecuencia me irrita pero que también, a veces, me exalta.

No se puede ni ocultarla ni desdeñarla: es una presencia poderosa en el arte de este siglo. Sin embargo, antes de juzgarla, deberíamos deshacer varios equívocos que se interponen entre ella y el espectador. Esos equívocos son velos emocionales e ideológicos que nos impiden verla realmente.

En primer lugar, el nacionalismo. Los muralistas mexicanos se han convertido en santones. La gente mira sus pinturas como los devotos las imágenes sagradas. Sus muros se han vuelto no superficies pintadas que podemos ver sino fetiches que debemos venerar. El gobierno mexicano ha hecho del muralismo un culto nacional y, claro, en todos los cultos se proscribe la crítica. La pintura mural pertenece a lo que podría llamarse el museo de cera del nacionalismo mexicano, presidido por la testa de Juárez el taciturno. Aparte de este equívoco sentimental, la incongruencia estética. Muchos de los murales fueron pintados en venerables edificios de los siglos XVII y XVIII. Una intrusión, un abuso, algo así como ponerle a la Venus de Milo un gorro frigio. ¿Qué tiene que ver el Colegio de San Ildefonso, obra maestra de la arquitectura novohispana, con los frescos que pintó allí Orozco? Algunos, más que verdadera pintura mural, son litografías amplificadas, aunque, no lo niego, impresionantes.

El tercer equívoco es más grave. Es de orden moral y político. Esas obras que se llaman a sí mismas revolucionarias y que, en los casos de Rivera y Siqueiros, exponen un marxismo simplista y maniqueo, fueron encomendadas, patrocinadas y pagadas por un gobierno que nunca fue marxista y que había dejado de ser revolucionario. El gobierno aceptó que los pintores pintasen en los muros oficiales una versión pseudomarxista de la historia de México, en blanco y negro, porque esa pintura contribuía a darle una fisonomía progresista y revolucionaria. La máscara del Estado mexicano ha sido la del nacionalismo populista y progresista. En cuanto a Rivera y a Siqueiros: es imposible que no se diesen cuenta de que en México podían pintar con una independencia que nunca hubieran podido tener en Rusia. Así pues, hubo una doble complicidad, la de los gobiernos y la de los artistas. Aquí debo hacer nuevamente una excepción: la de Orozco. Fue el más rebelde e independiente de estos artistas; probablemente también fue el mejor. Espíritu apasionado, sarcástico y religioso, nunca fue prisionero de una ideología: fue el prisionero de sí mismo. Su genio contradictorio y extremoso lo hizo caer a veces en un dramatismo retórico pero otras ilumina su obra con una conmovedora autenticidad. [...]

Fragmentos de "Re/visiones: la pintura mural", publicado en *Sábado* (suplemento literario de *unomásuno*), núm. 43, México, 9 de septiembre de 1978, y reproducido en Octavio Paz, *Los privilegios de la vista, Obras completas* IV, México, Fondo de Cultura Económica, 1989.

1886 13 de diciembre, nace José Diego María Rivera en Guanajuato.

1888 Muere su hermano gemelo José Carlos María.

1890 Aprende a leer enseñado por su padre.

1891 Nace María, hermana de Diego.

1892 La familia se traslada a México capital.

1894 Asiste al Colegio Católico Carpantier.

1896 Alumno del Liceo Católico Hispano Mexicano. Asiste a las clases de la Academia de Bellas Artes de San Carlos.

1898 Termina sus estudios de primera enseñanza. Se niega a asistir a un colegio militar y estudia en la Academia de San Carlos.

1902 Recibe una beca mensual de Teodoro A. Dehesa, gobernador del Estado de Veracruz.

1904 Pinta paisajes y estudios de figuras. Participa en la exposición anual de los alumnos de San Carlos.

1905 Obtiene una subvención del Gobierno de 20 pesos mensuales.

1906 Recibe una beca de Teodoro A. Dehesa para estudiar pintura. Forma parte del grupo *Savia Moderna* y participa en la exposición del grupo organizada por el Dr. Atl.

1907 Llega a España el 6 de enero con una carta de recomendación del Dr. Atl para Eduardo Chicharro.

1908 Estudia en el Museo del Prado y pinta paisajes españoles.

1909 Viaja a París. Visita Brujas, donde conoce a la que será primera esposa, Angeline Beloff. Viaja a Londres y en noviembre vuelve a París.

1910 Prepara las obras que han de figurar en la exposición de la Academia de San Carlos conmemorativa del Centenario de la Independencia. Regresa a México en octubre.

1911 Viaja de nuevo a París en el mes de junio. Entabla amistad con Amadeo Modigliani.

1912 Viaja a Toledo con A. Beloff. Estudia la pintura de Zuloaga y El Greco. Fija su residencia en París.

1913 Participa en la exposición de la Société des Artistes Indépendants. Sus cuadros ponen de relieve la influencia cubista. Se relaciona con Delaunay, Léger, Chagall, etc.

1914 Conoce a Juan Gris y a Picasso. Expone 25 obras de los años 1913 y 1914 en la galería parisina de Berthe Weill. Durante el verano recorre España y visita Mallorca en compañía de A. Beloff, Lipchitz, B. Kristover y María Blanchard. Al final del año va a Madrid y conoce a Ramón Gómez de la Serna.

1915 Participa en *Los pintores íntegros,* exposición organizada por Ramón Gómez de la Serna. Pinta su célebre *Paisaje zapatista.*

1916 Nace Diego, hijo de A. Beloff y Rivera. Firma un contrato con el marchante Léonce Rosenberg.

1917 Abandona a A. Beloff y se une sentimentalmente a Marevna Vorobëv-Stebelska. Rompe su relación con L. Rosenberg y es marginado por la mayor parte de los pintores a él ligados. E. Faure se convierte en su mentor y protector. Junto con Modigliani, solicita un visado para ir a Rusia, pero no se les concede.

1918 Invitado por J. Cocteau, viaja con A. Beloff a Le Piquey, en el sudoeste de Francia. Enferma y muere su hijo Diego. El embajador mexicano en Francia Alberto J. Pañi le insta a volver a México y pintar para el Gobierno de Carranza. Rivera rechaza la invitación.

1919 Nace la hija de Merevna y Rivera, Marika. Recibe la visita de David Alfaro Siqueiros.

1920 Viaja a Italia y conoce la pintura de los fresquistas italianos del Renacimiento. Participa en la exposición de la *Société Anonyme* (Nueva York), junto con Matisse, Picasso, Villon, Braque, Derain, Gleizes y Gris.

1921 Llega a México en el mes de julio. A. Beloff queda en Europa. J. Vasconcelos le incluye en el programa de murales del Gobierno. Junto con el ministro y otros artistas visita Yucatán.

1922 Empieza el mural del Anfiteatro Bolívar, en la Escuela Nacional Preparatoria. Junto con Siqueiros, Mérida, Revueltas, Guerrero, etc., funda la Unión de Trabajadores Técnicos, Pintores y Escultores. Se afilia al Partido Comunista Mexicano (PCM). Conoce a Tina Modotti. Contrae matrimonio con Guadalupe Marín.

1923 Inicia la decoración mural de la Secretaría de Educación Pública. En el verano se encarga de todo el programa de la Secretaría.

1924 Nace su hija Lupe. Inicia los trabajos en la Universidad Autónoma de Chapingo.

1925 Cesa como miembro del PCM.

1926 Inicia las pinturas en la Capilla de Chapingo. Para las figuras femeninas posan Guadalupe Marín y Tina Modotti. Vuelve a ingresar en el PCM. Se separa de Guadalupe Marín.

1927 Se cae del andamio en Chapingo, lo que le obliga a estar tres meses sin trabajar. Viaja a la URSS. Nace su hija Ruth.

1928 Exposición en la Weyle Gallery, de Nueva York. Vuelve a

México tras haberse enfrentado con las autoridades soviéticas por la política estalinista. Conoce a Frida Kahlo.

1929 Presidente del Comité Ejecutivo del Bloque de Obreros y Agricultores. Director de la Academia de San Carlos. Pinta en el Palacio Nacional y empieza a pintar en el Palacio de Cortés (Cuernavaca). Contrae matrimonio con Frida Kahlo.

1930 Viaja a San Francisco para pintar un mural en el Luncheon Club de la Bolsa.

1931 Exposición en el Institute of Arts, Detroit. Pinta el mural de la Casa Stern. Pinta un mural en la California School of Arts. Vuelve a México. Recibe la visita de E. Faure. En noviembre, vuelve a Nueva York. Exposición retrospectiva en el Museum of Modern Art.

1932 Comienza la preparación de los murales del Institute of Arts de Detroit. Recibe el encargo para los murales de la RCA. Sus relaciones con los comunistas son cada vez más tensas.

1933 Visita el futuro emplazamiento de los murales de la RCA en el Rockefeller Center. Empieza a trabajar en abril. El 4 de mayo, Nelson Rockefeller le pide que retire el retrato de Lenin que ha incluido en el mural. Rivera se niega y el 9 de mayo se interrumpen los trabajos y el artista es despedido. Dos días después se tapan los murales. Comienza los paneles para la New Workers School. Regresa a México en diciembre.

1934 El 10 y 11 de febrero se destruyen los murales de la RCA. Comienza el último mural de la escalera del Palacio Nacional: *México hoy y mañana*.

1935 Se separa de Frida Kahlo, que viaja a Nueva York. Enfrentamiento violento con Siqueiros.

1936 Pinta los murales del Hotel Reforma, en Ciudad de México. Sufre una operación en los ojos, aquejados de una infección

1938 Junto con Breton, firma el artículo, escrito por Trotsky, *Manifiesto: por un arte revolucionario libre*. Exposición en la Galería de Arte Mexicano.

1939 Diferencias cada vez más acentuadas entre Rivera y Trotsky. Se divorcia de F. Kahlo.

1940 Viaja a San Francisco para pintar los murales del San Francisco. Contrae nuevo matrimonio con F. Kahlo.

1941 En febrero vuelve a México.

1942 Comienza la construcción de Anahuacalle, cerca de Coyoacán, edificio destinado a residencia, museo y tumba. Pinta paneles para el Palacio Nacional.

1943 Inicia los murales del Instituto Nacional de Cardiología y del Hotel Reforma.

1945 Pinta *La gran ciudad de Tenochtitlan*, en el Palacio Nacional.

1947 Enferma de neumonía bronquial. Con Orozco y Siqueiros, constituye la Comisión de Pintura Mural del Instituto Nacional de Bellas Artes (INBA).

1948 Retrospectiva en el Palacio de Bellas Artes.

1950 Junto con Siqueiros, ilustra Canto general, de Pablo Neruda. Recibe el Premio Nacional de Artes Plásticas. Participa activamente en la Conferencia de Paz de Estocolmo. F. Kahlo es operada de columna vertebral.

1951 Retrospectiva en el Museum of Fine Arts de Houston. Pinta los murales del cárcamo del río Lerma.

1952 Pinta *La pesadilla de la guerra y el sueño de la paz*, una glorificación de Stalin, con destino a la exposición "Arte mexicano desde la época precolombina hasta nuestro días", pero el director del INBA se niega a exponerlo.

1953 Representa a México en el Congreso Continental de Cultura (Santiago de Chile). F. Kahlo sufre la amputación de la pierna derecha.

1954 Se inaugura el mural del Hospital de la Raza. F. Kahlo muere el 13 de julio. Es readmitido en el PCM.

1955 Sufre cáncer. Contrae matrimonio con Emma Hurtado y viaja con ella a la URSS, donde es operado.

1956 Viaja por Europa Oriental y en abril vuelve a México. En diciembre recibe un homenaje nacional.

1957 Muere de un ataque al corazón en su estudio el 24 de noviembre.

Cronología publicada en Valeriano Bozal: *Diego Rivera*, Historia 16 y Ediciones Quorum, Madrid, 1987

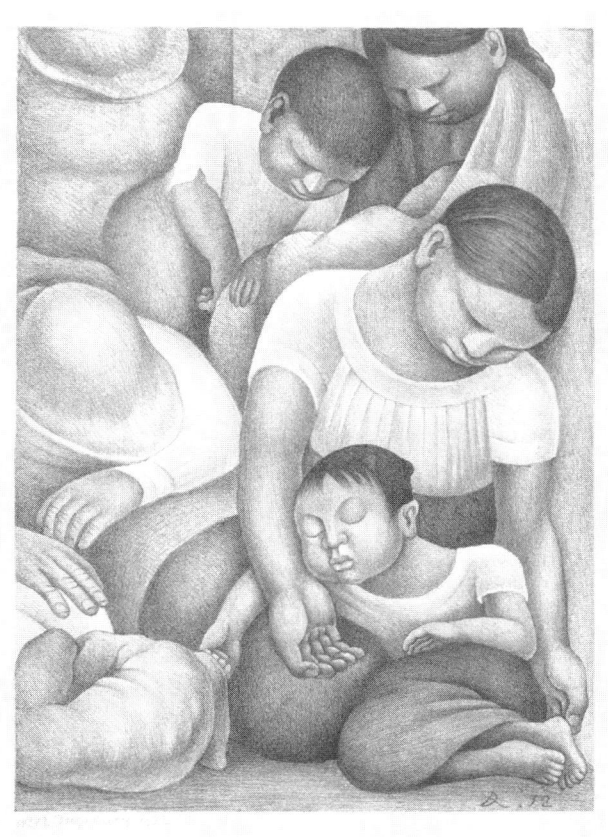

El sueño, 1932
Litografía

www.casimirolibros.es